CIÊNCIAS
ÂNGELA e SUELI

4

Dedicamos esta obra a vocês, professores e alunos, e os convidamos a conhecer o mundo através das lentes das Ciências da Natureza, reinventando modos de ensinar e aprender.
Com carinho,
Ângela e Sueli

ÂNGELA BERNARDES DE ANDRADE GIL
Licenciada em Letras pela Universidade de Taubaté (SP).
Professora de Língua Portuguesa e de Ciências no Ensino Fundamental, atuando há vários anos em escolas das redes pública e privada de São Paulo.
Diplomada no curso: Ensino e aprendizagem de Ciências Naturais, História e Geografia no Ensino Fundamental I e na Educação Infantil, pelo Instituto Superior de Educação Vera Cruz – Cevec – Centro de Estudos Educacionais.

SUELI FANIZZI
Doutora e Mestre em Educação – Ensino de Ciências e Matemática pela Faculdade de Educação da Universidade de São Paulo.
Licenciada em Pedagogia pela Universidade de São Paulo.
Professora do curso de Pedagogia da Universidade de Mogi das Cruzes.
Assessora pedagógica e formadora de professores dos anos iniciais do Ensino Fundamental.

Ciências Ângela e Sueli – Ciências – 4º ano
Copyright © Ângela Bernardes de Andrade Gil e Sueli Fanizzi, 2018

Diretor editorial	Lauri Cericato
Diretora editorial adjunta	Silvana Rossi Júlio
Gerente editorial	Natalia Taccetti
Editora	Luciana Leopoldino
Editora assistente	Laura Alves, Patricia Fuin
Assessoria	Maissa Salah Bakri, Nathália Azevedo
Gerente de produção editorial	Mariana Milani
Coordenador de produção editorial	Marcelo Henrique Ferreira Fontes
Gerente de arte	Ricardo Borges
Coordenadora de arte	Daniela Máximo
Projeto gráfico	Bruno Attili, Juliana Carvalho
Projeto de capa	Sérgio Cândido
Ilustração de capa	Wandson Rocha
Supervisor de arte	Vinicius Fernandes
Editor de arte	Leandro Brito
Diagramação	Essencial design
Tratamento de imagens	Ana Isabela Pithan Maraschin, Eziquiel Racheti
Coordenadora de ilustrações e cartografia	Marcia Berne
Ilustrações	Dawidson França, Estúdio Lab307, Estúdio Ornitorrinco, Lima, Marcos, De Mello, Mw Editora E Ilustrações, Nid Possibilidades Ilustradas, Peterson Mazzoco, Rafael Herrera, Rodrigo Figueiredo/Yancom, Tel Coelho/Giz De Cera
Cartografia	Renato Bassani
Coordenadora de preparação e revisão	Lilian Semenichin
Supervisora de preparação e revisão	Viviam Moreira
Revisão	Ana Horn, Carolina Manley, Cristiane Casseb, Edna Viana, Kátia Cardoso, Lucila Segóvia, Regiani Arruda
Supervisora de iconografia e licenciamento de textos	Elaine Bueno
Iconografia	Renato Gimenes Moscolini/ Ana Paula de Jesus
Licenciamento de textos	Marianna Moretti, Bárbara Clara, Carla Marques
Supervisora de arquivos de segurança	Silvia Regina E. Almeida
Diretor de operações e produção gráfica	Reginaldo Soares Damasceno

Dados Internacionais de Catalogação na Publicação (CIP)
(Câmara Brasileira do Livro, SP, Brasil)

Gil, Ângela Bernardes de Andrade
 Ciências : Ângela & Sueli, 4º ano / — 1. ed. —
São Paulo : FTD, 2018.

 Bibliografia.
 ISBN 978-85-96-01592-9 (aluno)
 ISBN 978-85-96-01593-6 (professor)

 1. Ciências (Ensino fundamental) I. Fanizzi,
Sueli. II. Título.

18-15152 CDD-372.35

Índices para catálogo sistemático:
 1. Ciências : Ensino fundamental 372.35
Maria Alice Ferreira - Bibliotecária - CRB-8/7964

1 2 3 4 5 6 7 8 9

Envidamos nossos melhores esforços para localizar e indicar adequadamente os créditos dos textos e imagens presentes nesta obra didática. No entanto, colocamo-nos à disposição para avaliação de eventuais irregularidades ou omissões de crédito e consequente correção nas próximas edições. As imagens e os textos constantes nesta obra que, eventualmente, reproduzam algum tipo de material de publicidade ou propaganda, ou a ele façam alusão, são aplicados para fins didáticos e não representam recomendação ou incentivo ao consumo.

Reprodução proibida: Art. 184 do Código Penal e Lei 9.610 de 19 de fevereiro de 1998.
Todos os direitos reservados à **EDITORA FTD**.

Rua Rui Barbosa, 156 – Bela Vista – São Paulo – SP
CEP 01326-010 – Tel. 0800 772 2300
Caixa Postal 65149 – CEP da Caixa Postal 01390-970
www.ftd.com.br
central.relacionamento@ftd.com.br

A comunicação impressa e o papel têm uma ótima história ambiental para contar

APRESENTAÇÃO

Caro aluno,

Preparamos com muito carinho esta coleção para abrir as portas do universo científico a você e seus colegas.

Aprender Ciências significa observar, pesquisar e investigar, com atenção, questões que envolvem os fenômenos da natureza e os seres vivos em constante relação com o ambiente. Dessa forma, refletir e discutir sobre essas questões, fazer experimentos, testar e comprovar hipóteses serão ações importantes para a sua aprendizagem.

Desejamos um bom estudo!
Um abraço,
As autoras.

SUMÁRIO

UNIDADE 1 — MICRORGANISMOS 8

O MUNDO DOS MICRORGANISMOS 10
   TIPOS DE MICRORGANISMOS 11
   ONDE VIVEM OS MICRORGANISMOS 11
A IMPORTÂNCIA DOS MICRORGANISMOS 13
   PRODUÇÃO DE REMÉDIOS E VACINAS 14
   PRODUÇÃO DE COMBUSTÍVEIS 16
   PRODUÇÃO DE ALIMENTOS 17
OFICINA • IOGURTE ARTESANAL 18
   A IMPORTÂNCIA AMBIENTAL DOS MICRORGANISMOS 20
INVESTIGANDO E EXPERIMENTANDO • CRIAÇÃO DE FUNGOS 21
   A DECOMPOSIÇÃO 22
   CONSERVAÇÃO DOS ALIMENTOS 23
UM PASSO A MAIS 24

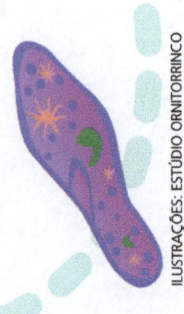

UNIDADE 2 — SAÚDE PARA TODOS 26

SAÚDE E DOENÇAS 28
VERMINOSES 30
   O QUE SÃO VERMES? 30
   COMO OS VERMES ENTRAM EM NOSSO CORPO? 30
   ALGUMAS VERMINOSES 31
VIROSES 36
   RAIVA 36
   DENGUE 36
DOENÇAS CAUSADAS POR BACTÉRIAS 38
   LEPTOSPIROSE 38
   CÓLERA 38
DOENÇAS CAUSADAS POR PROTOZOÁRIOS 39
   DOENÇA DE CHAGAS 39
LER PARA... CONHECER • A CIENTISTA MARIA DEANE 41
DOENÇAS DA VIDA MODERNA 42
OFICINA • IMPACTOS DAS NOVAS TECNOLOGIAS 43
UM PASSO A MAIS 44

ILUSTRAÇÕES: ESTÚDIO ORNITORRINCO

UNIDADE 3 — AS RELAÇÕES ALIMENTARES DOS SERES VIVOS ... 46

- AS PLANTAS SE ALIMENTAM ... 48
  - FOTOSSÍNTESE ... 48
- LER PARA... DESCOBRIR • PLANTAS NO QUARTO? ... 50
- OS SERES VIVOS E A OBTENÇÃO DE ALIMENTO ... 52
  - SERES PRODUTORES ... 52
  - SERES CONSUMIDORES ... 53
  - SERES DECOMPOSITORES ... 53
- CADEIA ALIMENTAR ... 55
  - IMPACTO NAS CADEIAS ALIMENTARES ... 56
- LER PARA... SE INFORMAR • O JAVALI ... 57
  - POR DENTRO DAS CADEIAS ALIMENTARES ... 58
- TEIA ALIMENTAR ... 60
- ACESSAR PARA... SE DIVERTIR • CONSTRUINDO A TEIA DOS BICHOS DE CASA ... 61
- UM PASSO A MAIS ... 62

UNIDADE 4 — AS RELAÇÕES DOS SERES VIVOS ENTRE SI E COM O AMBIENTE ... 64

- OS SERES VIVOS E O AMBIENTE ... 66
  - ECOLOGIA ... 66
  - HÁBITAT ... 68
  - ECOSSISTEMAS ... 69
- OFICINA • CONSTRUINDO UM TERRÁRIO ... 72
- AS RELAÇÕES ENTRE OS SERES VIVOS ... 74
  - RELAÇÕES ENTRE INDIVÍDUOS DE UMA MESMA ESPÉCIE ... 74
- ACESSAR PARA... SE INFORMAR • FORMIGAS SAÚVAS ... 76
  - RELAÇÕES ENTRE INDIVÍDUOS DE ESPÉCIES DIFERENTES ... 77
- UM PASSO A MAIS ... 80

UNIDADE 5 — MISTURAS HOMOGÊNEAS E HETEROGÊNEAS ... 82

- MISTURAS HOMOGÊNEAS – ÁGUA E AÇÚCAR ... 84
- MISTURAS HETEROGÊNEAS – ÁGUA E ÓLEO ... 85
- INVESTIGANDO E EXPERIMENTANDO • PREPARANDO MISTURAS ... 87
- LER PARA... CONHECER • A MISTURA DO BEM! ... 90
- OFICINA • O QUE VAI ACONTECER COM ESSA MISTURA? ... 92
- SEPARANDO MISTURAS ... 93
  - CATAÇÃO ... 93
  - FILTRAÇÃO ... 93
  - DECANTAÇÃO ... 94
  - EVAPORAÇÃO ... 94
- LER PARA... DESCOBRIR • SEPARANDO O POLVILHO ... 96
- UM PASSO A MAIS ... 98

UNIDADE 6 — MUDANÇAS DE ESTADO FÍSICO ... 100

- OS ESTADOS FÍSICOS DA MATÉRIA ... 102
  - OS ESTADOS FÍSICOS DA ÁGUA ... 103
- LER PARA... AMPLIAR • ÁGUA, UM RECURSO AMEAÇADO ... 106
- INVESTIGANDO E EXPERIMENTANDO • A TEMPERATURA E OS ESTADOS FÍSICOS ... 108
- MUDANÇAS DE ESTADO FÍSICO DA MATÉRIA ... 110
  - MUDANÇAS DE ESTADO FÍSICO DA ÁGUA ... 110
  - MUDANÇAS DE ESTADO FÍSICO DE OUTRAS SUBSTÂNCIAS ... 115
- UM PASSO A MAIS ... 116

UNIDADE 7 — TRANSFORMAÇÕES QUÍMICAS NO COTIDIANO ... 118

- MODIFICANDO A MATÉRIA ... 120
  - DIFERENÇAS ENTRE TRANSFORMAÇÕES QUÍMICA E FÍSICA ... 120
- LER PARA... SE INFORMAR • A DESCOBERTA QUE MUDOU A HUMANIDADE ... 122
  - O FOGO ... 124
- INVESTIGANDO E EXPERIMENTANDO • OBSERVANDO UMA COMBUSTÃO ... 126
- TRANSFORMAÇÕES QUÍMICAS NA COZINHA ... 128
- A FERRUGEM ... 130
  - OUTRAS REAÇÕES COM O GÁS OXIGÊNIO ... 133
- AVANÇOS DA CIÊNCIA • MAÇÃ QUE NÃO ESCURECE ... 135
- UM PASSO A MAIS ... 136

ILUSTRAÇÕES: ESTÚDIO ORNITORRINCO

UNIDADE 8 — O SOL E A NOSSA LOCALIZAÇÃO 138

MOVIMENTO RELATIVO DO SOL 140
   OS GIROS QUE A TERRA DÁ 140
PONTOS CARDEAIS 144
   GNÔMON 146
ACESSAR PARA... INVESTIGAR 147
INSTRUMENTOS DE LOCALIZAÇÃO 148
   MAPAS 148
   BÚSSOLA 149
OFICINA • CONSTRUINDO UMA BÚSSOLA 151
   ASTROLÁBIO 152
   GPS – SISTEMA DE POSICIONAMENTO GLOBAL 153
UM PASSO A MAIS 154

UNIDADE 9 — A LUA E A MARCAÇÃO DO TEMPO 156

AS FASES DA LUA 158
OFICINA • OBSERVANDO O CICLO DA LUA 161
MEDINDO INTERVALOS DE TEMPO COM PRECISÃO 162
   MÊS, SEMANA, DIA E HORAS 164
CALENDÁRIOS 167
   O CALENDÁRIO NAS DIFERENTES CULTURAS 169
UM PASSO A MAIS 172

CENTROS, SALAS, PARQUES E MUSEUS DE CIÊNCIAS NO BRASIL ... 174
REFERÊNCIAS BIBLIOGRÁFICAS 176

ILUSTRAÇÕES: ESTÚDIO ORNITORRINCO

UNIDADE 1
MICRORGANISMOS

1. O que está sendo mostrado nas imagens?
2. Você sabe como essas fotos foram feitas?
3. Onde os microrganismos podem ser encontrados?

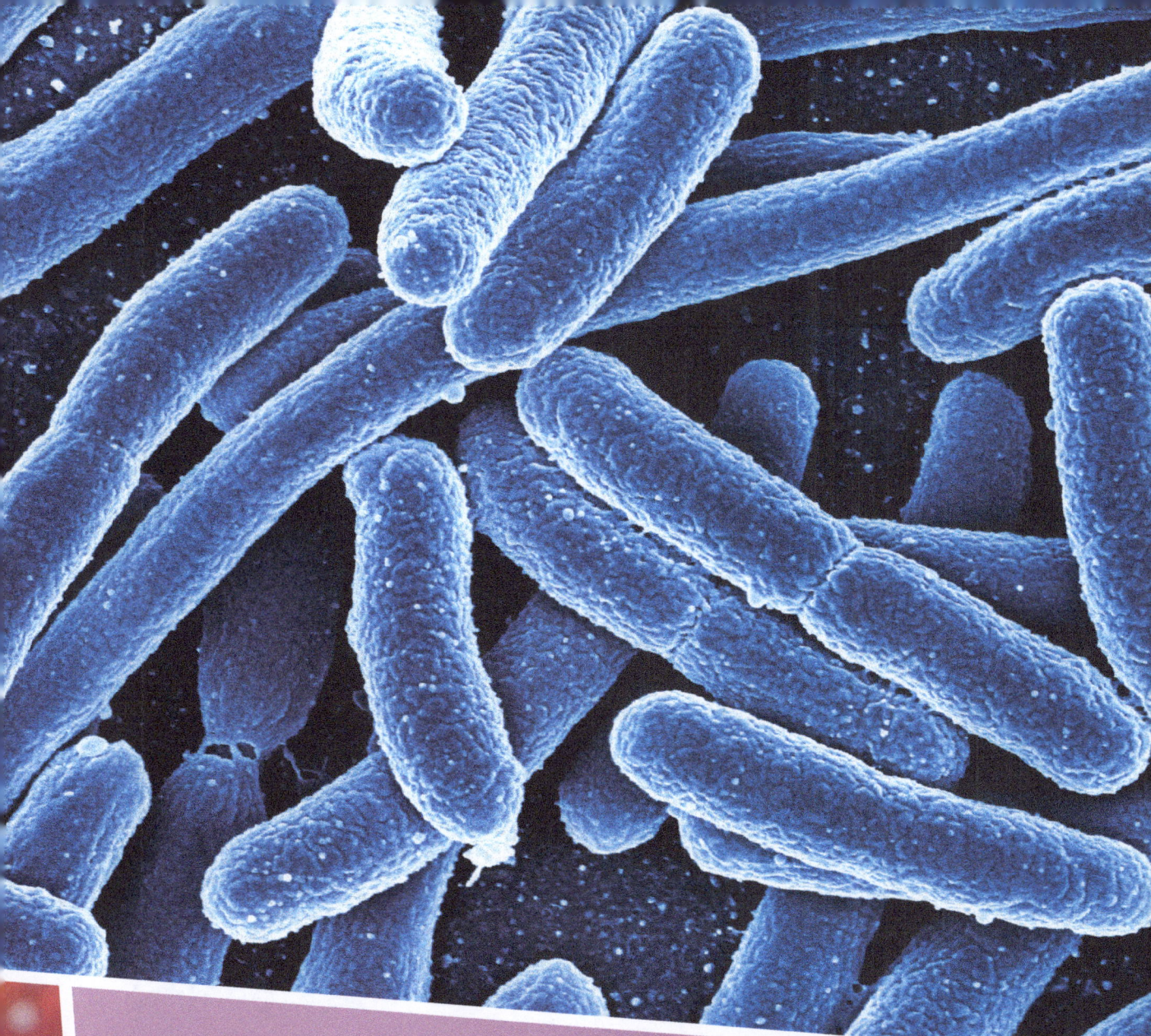

Bactérias *Escherichia coli* (aumento aproximado de 40 000 vezes e colorido artificial).

Representação do vírus H1N1, da gripe suína (aumento aproximado de 1 000 000 vezes e colorido artificial).

VOCÊ VAI APRENDER SOBRE:
- Características dos microrganismos
- Tipos de microrganismos
- A importância dos microrganismos

O MUNDO DOS MICRORGANISMOS

O QUE VOCÊ TEM PARA CONTAR?

Alguns seres vivos são tão pequenos que não conseguimos enxergá-los sem a ajuda de aparelhos. Você sabe que seres são esses? Eles são todos iguais? Onde eles vivem?

Com a invenção de um importante instrumento, o microscópio, foi possível enxergar que há um verdadeiro mundo escondido ao nosso redor. Um mundo cheio de vida, cheio de seres vivos muito pequenos, que não podem ser vistos a olho nu, os microrganismos.

Os microscópios são aparelhos compostos de lentes de aumento, como as das lupas. Eles formam imagens maiores dos objetos observados.

Os primeiros microscópios foram feitos no século XVII. O da fotografia é de 1745.

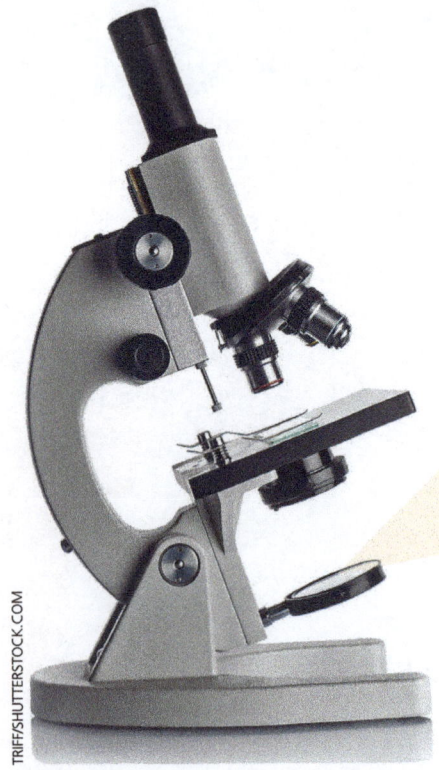

Microscópio moderno. No detalhe, microrganismos observados nesse tipo de microscópio (aumento aproximado de 125 vezes e colorido artificial).

TIPOS DE MICRORGANISMOS

Há diferentes tipos de microrganismos. Com o aperfeiçoamento dos microscópios foi possível estudar em detalhes cada um desses tipos e classificá-los em diferentes grupos.

Os protozoários, as bactérias, os vírus, alguns tipos de fungos e algumas algas são microrganismos. Eles apresentam tamanhos, formas e hábitos de vida distintos.

ESQUEMA ILUSTRATIVO. OS ELEMENTOS NÃO FORAM REPRESENTADOS EM PROPORÇÃO DE TAMANHO ENTRE SI. AS CORES NÃO CORRESPONDEM AOS TONS REAIS.

ALGA MICROSCÓPICA	FUNGO MICROSCÓPICO	PROTOZOÁRIO	BACTÉRIA	VÍRUS

ONDE VIVEM OS MICRORGANISMOS

Os microrganismos estão nos mais diversos ambientes. Eles podem ser encontrados no fundo do mar, no alto das montanhas, no subsolo, nas geleiras dos polos e no calor do deserto.

Por mais puro que possa ser o ar que respiramos, ele está cheio de microrganismos. O mesmo vale para a água e para os alimentos que consumimos.

Muitos microrganismos também vivem no nosso corpo e no de outros seres vivos. A grande maioria desses seres não nos faz mal e muitos são até importantes para o funcionamento do nosso organismo. Porém, alguns podem causar doenças.

ATIVIDADES

1. José afirma à Carla que o córrego de sua cidade está tão poluído que não tem mais seres vivos, já que não há mais peixes nadando nele. Carla não concorda com ele e diz que o córrego pode não ter mais peixe, mas está cheio de vida.

   • Com quem você concorda, com José ou com Carla? Explique sua resposta.

2. Veja os quadrinhos abaixo.

- Mesmo que o menino não veja nenhuma sujeira na goiaba depois de ela cair no chão ele deve comê-la? Por quê?

_____
_____
_____
_____

3. Leia o diálogo entre as irmãs Manuela e Heloísa:

— Você precisa lavar as mãos antes de comer seu sanduíche, Heloísa! Você estava mexendo no telefone celular!

— Mas o meu celular é limpinho!

a) Como você explicaria para Heloísa por que ela precisa lavar as mãos?

b) Você costuma sempre lavar as mãos antes das refeições?

A IMPORTÂNCIA DOS MICRORGANISMOS

Todos os microrganismos nos causam danos?

Alguns microrganismos podem causar doenças nos seres humanos e em outros seres vivos. Por exemplo, a gripe e a dengue são causadas por vírus, a doença de Chagas e a malária, por protozoários, e a tuberculose e a cólera, por bactérias.

Há também microrganismos que podem contaminar o ambiente e produzir substâncias tóxicas, que prejudicam outros seres vivos.

Porém, a maioria dos microrganismos é inofensiva. Muitos são fundamentais para o ambiente ou para o funcionamento do nosso corpo. Outros são utilizados pelos seres humanos na fabricação de diversos produtos úteis, como remédios, alimentos e combustíveis.

TALES AZZI/PULSAR IMAGENS

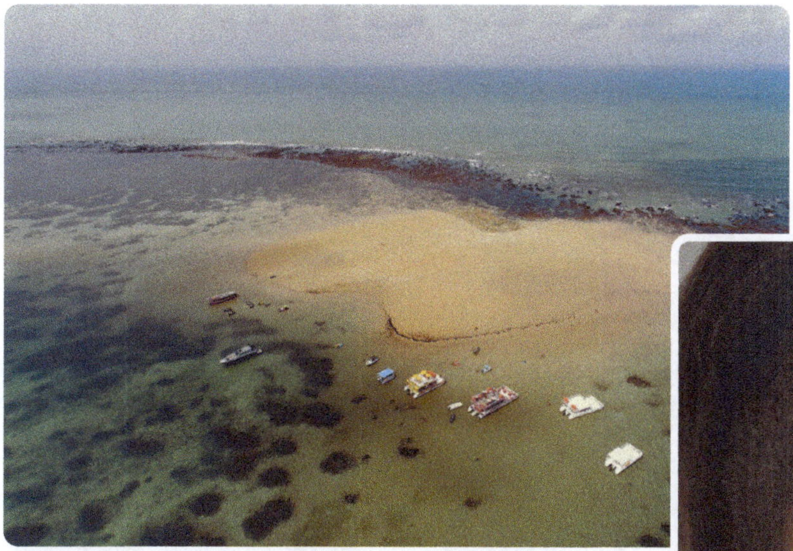

Maré vermelha em Cabedelo, João Pessoa, 2017. Isso ocorre quando a quantidade de determinadas algas microscópicas aumenta muito, deixando a água avermelhada. Essas algas produzem substâncias tóxicas, que podem causar a morte de peixes.

BLEND IMAGES/SHUTTERSTOCK.COM

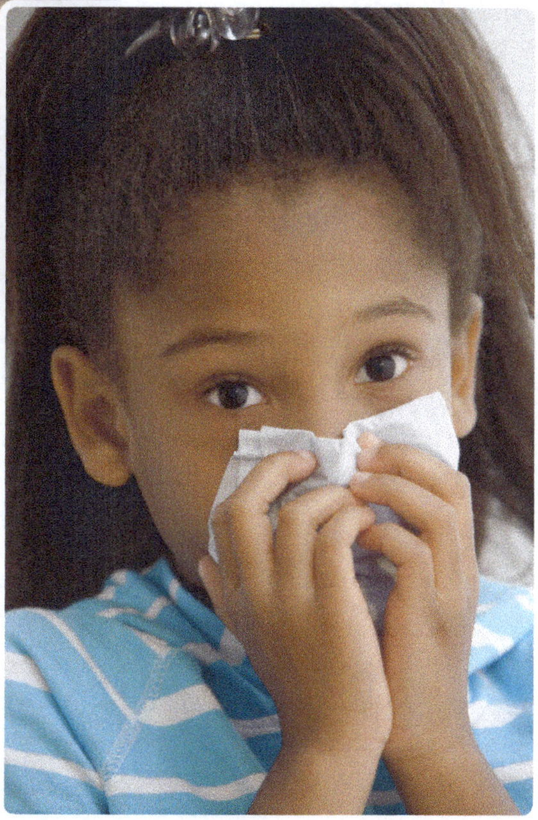

O resfriado e a gripe são causados por vírus.

PRODUÇÃO DE REMÉDIOS E VACINAS

Os remédios são usados para tratar doenças. A fabricação de diversos remédios depende da utilização de microrganismos.

O **antibiótico** penicilina foi descoberto em 1929 pelo cientista inglês Alexander Fleming e até hoje salva muitas vidas no mundo todo. Sua descoberta ocorreu enquanto Fleming estudava um tipo de fungo, o *Penicillium*; ele notou que esse fungo produzia uma substância que matava bactérias, que foi então denominada penicilina. Até hoje, todos os antibióticos comercializados são produzidos por fungos e bactérias, mas alguns são modificados em laboratórios.

Alexander Fleming, o descobridor da penicilina.

Antibiótico: remédio que combate doenças causadas por microrganismos.

Para evitar algumas doenças, podemos tomar vacinas. Algumas vacinas são compostas de vírus causadores de doenças enfraquecidos que, ao serem introduzidos em nosso corpo, provocam uma reação que fortalece nossas defesas naturais. Dessa forma, a vacina nos protege, evitando que fiquemos doentes ao entrar em contato com o mesmo vírus, não enfraquecido e que, portanto, poderia causar a doença.

Cartaz de campanha de vacinação. É muito importante estar com a caderneta de vacinação em dia.

ATIVIDADES

1. Você se lembra de já ter tomado antibiótico? Se sim, por que razão você precisou tomar?

2. Quando estamos doentes, podemos tomar antibióticos sem consultar um médico? Por quê?

3. Martina está com dor de garganta. Sua médica disse que ela está com uma infecção bacteriana.

a) Faça um X no que a médica deve ter receitado para tratar Martina.

☐ Vacina. ☐ Antibiótico.

b) Identifique que definição se refere às vacinas e qual se refere aos antibióticos.

- Servem para evitar doenças e podem conter microrganismos enfraquecidos.

_____

- Servem para tratar doenças e são produzidos por fungos ou bactérias.

_____

> **#FICA A DICA**
>
> **Mudando o mundo,** de Carla Gallo e Cesar Cabral. **Fiocruz, 2015. (18min33s)**
>
> De forma divertida, crianças contam a história de várias descobertas científicas na área da saúde no Brasil, destacando a importância da vacinação.

PRODUÇÃO DE COMBUSTÍVEIS

Os microrganismos estão envolvidos também com a produção de combustíveis, que são utilizados para fornecer energia para o funcionamento de veículos.

O etanol, popularmente chamado de álcool, é um combustível produzido a partir da cana-de-açúcar, em um processo realizado por microrganismos. Nesse processo, o açúcar da cana é transformado em álcool.

> **ATIVIDADE**

- Observe a imagem e responda.

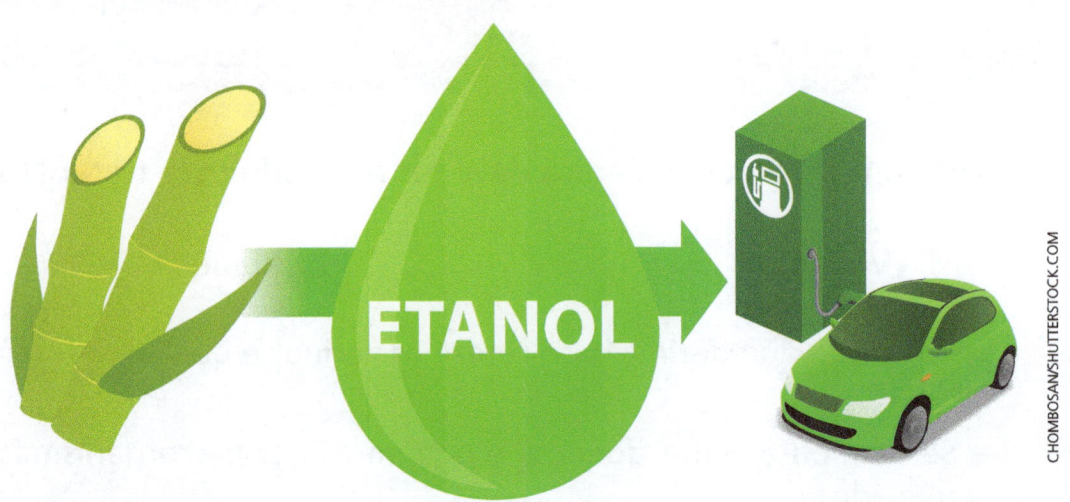

a) O que ela está representando? Por quê?
b) Escreva uma legenda para a imagem.

PRODUÇÃO DE ALIMENTOS

Há milhares de anos os seres humanos vêm usando os microrganismos para a produção de alimentos, como pães, queijos e iogurtes.

Na fabricação do pão, é usado o fermento, que é feito de fungos microscópicos. Esses microrganismos transformam a farinha e produzem gás carbônico, o que faz o pão crescer e ficar macio.

Queijos e iogurte são produzidos a partir da coagulação do leite, realizada por bactérias e fungos. Esse processo muda a consistência e o sabor do leite, transformando-o em outros produtos.

Os espaços vazios no miolo do pão são formados pela liberação de gases pelos microrganismos, os fungos.

Os queijos artesanais fazem parte da cultura de algumas regiões brasileiras.

#FICA A DICA

Por que o fermento faz a massa crescer?

CIÊNCIA explica: por que o fermento faz a massa crescer? Produção: Laboratório Aberto de Interatividade da UFSCar. 26 abr. 2017. Vídeo (1min29s). Disponível em: <http://ftd.li/5fhrx8>. Acesso em: 29 mar. 2018.

Esta animação explica de forma simples como os microrganismos agem fazendo pães e outras massas crescerem.

OFICINA

IOGURTE ARTESANAL

Você sabia que o iogurte possui microrganismos vivos em sua composição? Por isso que é possível preparar iogurte artesanal a partir de uma pequena quantidade de iogurte natural já pronto e leite.

Peça ajuda de um adulto e sigam os passos abaixo para fazer o seu próprio iogurte. Durante o preparo, aproveite para explicar o que você aprendeu sobre os microrganismos e a produção de alimentos.

▼ **MATERIAL**
- 1 litro de leite
- 1 copo de iogurte natural já pronto

▼ **COMO FAZER**

Atenção Não mexa no fogo nem manipule panelas quentes. Deixe essas etapas para um adulto fazer.

1 Peça a um adulto que ferva o leite.

2 Espere alguns minutos até que ele esfrie um pouco.

3 Antes que esfrie totalmente, acrescente o copo de iogurte natural e mexa bem.

4 Passe a mistura para uma tigela e deixe-a fora da geladeira em repouso por, no mínimo, seis horas. Você pode prepará-la à noite e deixá-la em repouso até o dia seguinte.

5 Quando o iogurte coalhar, isto é, se tornar mais sólido, leve-o para a geladeira e mantenha-o sempre resfriado. O iogurte está pronto para ser consumido e pode ser servido com frutas, mel, geleia, o que você preferir.

Iogurte natural.

1. Converse com seus familiares e pergunte o que eles acharam do iogurte que você preparou. Anote esses comentários e leve à aula para apresentar à turma.

_____
_____
_____
_____

2. O iogurte pronto não pode ser acrescentado ao leite muito quente, pois a receita não dá certo. Converse com um colega e tentem explicar por que o leite não vira iogurte nesse caso.

_____
_____
_____
_____

A IMPORTÂNCIA AMBIENTAL DOS MICRORGANISMOS

Os microrganismos são fundamentais para o ambiente e para a vida no planeta. Alguns tipos de algas microscópicas tiveram uma importante participação no aumento da diversidade dos seres vivos na Terra. Foi graças a elas que a atmosfera do nosso planeta se tornou rica em gás oxigênio. Esse gás é necessário para a respiração, um processo essencial para a sobrevivência de seres vivos, como os animais e as plantas.

Durante algum tempo acreditou-se que as grandes florestas eram as responsáveis pela manutenção da quantidade de gás oxigênio no planeta. Muitos afirmavam que a Amazônia era o "pulmão do mundo". Hoje, sabemos que as principais responsáveis são as algas microscópicas.

As plantas de grandes florestas, como a amazônica, produzem muito gás oxigênio, mas também consomem grande quantidade desse gás na respiração. Rio Negro, Manaus, 2017.

ATIVIDADES

1. O que você entende pela expressão "pulmão do mundo"?

☐ Consome grande quantidade de gás oxigênio na respiração.

☐ É o principal responsável pela manutenção da quantidade de gás oxigênio no planeta.

2. Atualmente sabe-se que o verdadeiro "pulmão do mundo" são:

☐ as florestas.

☐ as algas microscópicas.

INVESTIGANDO E EXPERIMENTANDO

CRIAÇÃO DE FUNGOS

▼ MATERIAL

- 1 pedaço de pão
- 1 laranja sem lavar
- 1 garrafinha com água
- 2 potes transparentes com tampa
- 1 conta-gotas
- canetinhas

▼ COMO FAZER

1	Coloque o pão em um pote e a laranja no outro. Identifique-os.
2	Pingue uma gota de água no pão e uma gota na laranja. Tampe os potes.
3	Copie no caderno a tabela dos resultados e anote o que você observou inicialmente.
4	Coloque os potes em um armário fechado.
5	Faça observações a cada quatro dias, ao longo de 12 dias.
6	Anote o que você observou em cada dia na tabela dos resultados.

▼ FORMULANDO HIPÓTESES

- O que você imagina que acontecerá com o pão e a laranja, durante esse período?

▼ RESULTADOS

OBSERVAÇÃO	POTE COM PÃO	POTE COM LARANJA
1.		

▼ CONCLUSÕES

- Reveja suas anotações e elabore um texto que será o relatório do experimento. Compare os resultados com o que você previu.

21

A DECOMPOSIÇÃO

Bactérias e fungos também participam do importante processo de decomposição da matéria orgânica. A decomposição é essencial para a manutenção da vida na Terra. Nela, a matéria orgânica é transformada em substâncias mais simples, que podem ser usadas por outros seres vivos, fechando um ciclo. Se não ocorresse a decomposição, a matéria orgânica ficaria acumulada no ambiente.

> Matéria orgânica: organismos mortos, fezes, restos de seres vivos e alimentos.

É esse processo que faz os alimentos estragarem. Portanto, os alimentos estragam, isto é, se decompõem, em virtude da ação de bactérias e fungos.

Esses seres precisam de água e alimento para se desenvolverem. Por exemplo, uma fruta que você não tenha comido inteira, e deixado sobre a mesa, aberta, tem o que os microrganismos decompositores necessitam.

Por isso, é importante lembrar sempre de fechar muito bem as embalagens dos alimentos e de guardá-los na geladeira, quando necessário. Isso evita que os microrganismos se desenvolvam nos alimentos.

Restos de alimentos depois de decompostos podem ser usados como adubo para as plantas.

Fatias de pão estragado.

CONSERVAÇÃO DOS ALIMENTOS

As geladeiras tais como as conhecemos começaram a ser comercializadas no início do século XX. Elas propiciam um ambiente mais frio, que dificulta o desenvolvimento dos microrganismos decompositores. Com isso, os alimentos resfriados se conservam por mais tempo. Mas como os seres humanos evitavam a decomposição dos alimentos antes das geladeiras?

Desde os tempos pré-históricos, as pessoas perceberam que alguns procedimentos conservavam os alimentos por mais tempo. Retirar a água (desidratar), ferver, salgar, adoçar, congelar e colocar os alimentos em vinagre ou em azeite são alguns exemplos.

Esses procedimentos transformam os alimentos, tornando-os menos adequados para a multiplicação de bactérias e fungos. Com isso, desaceleram o processo de decomposição.

A carne de sol é um alimento tradicional brasileiro. Ela é salgada e desidratada.

As frutas nas geleias se conservam por mais tempo, pois estão adoçadas.

ATIVIDADES

1. Pensando no que os microrganismos precisam para sobreviver, explique com suas palavras por que alimentos desidratados se conservam por mais tempo?

2. Você já consumiu algum alimento que passou por alguma das técnicas de conservação citadas no texto? Se sim, quais?

UM PASSO A MAIS

Carlos Chagas, 1934.

A foto acima mostra o médico brasileiro Carlos Chagas, que fez importantes descobertas sobre os microrganismos há mais de 100 anos.

1. Que aparelho mostrado na foto ele usou em seus estudos?

_____
_____
_____

2. Por que esse aparelho é necessário para estudar os microrganismos?

_____
_____
_____

3. Júlio estava brincando no quintal de sua casa, quando seus pais o chamaram para almoçar. Circule a imagem que mostra o que ele deve fazer antes de se sentar à mesa.

4. Encontre no diagrama cinco produtos em que são utilizados microrganismos em sua fabricação.

A	N	T	I	B	I	Ó	T	I	C	O	C	I	A	I	T	V
F	I	O	L	K	G	D	O	O	N	J	P	T	E	O	P	T
L	O	O	R	V	D	P	L	C	W	P	A	Q	I	N	Ã	F
P	G	H	R	I	Y	O	X	I	H	K	G	U	V	D	O	H
O	U	S	J	F	P	U	I	E	G	F	L	E	G	N	P	A
G	R	V	A	C	I	N	A	N	Ã	O	X	I	F	O	R	V
U	T	D	S	J	A	C	E	Q	P	H	R	J	M	L	P	S
U	E	G	K	D	E	Ã	S	A	X	Z	C	O	G	T	U	Ã

5. Imagine que, ao acessar um *blog* sobre Ecologia, você lê uma frase que afirma que a Amazônia é o pulmão do mundo. Com essa frase, o autor quer dizer que a Floresta Amazônica é a grande responsável pela quantidade de gás oxigênio na atmosfera de nosso planeta. Escreva uma mensagem que você enviaria ao autor do *blog*, para explicar a ele que essa frase está errada.

_____
_____
_____
_____

UNIDADE 2
SAÚDE PARA TODOS

1. Quais as principais diferenças de comportamento entre as crianças e os adolescentes mostrados no lado esquerdo da imagem e aqueles mostrados no lado direito?

2. Algumas doenças que existem atualmente não existiam, ou eram menos frequentes, quando seus avós tinham a sua idade. Você conhece alguma dessas doenças? Como elas podem estar relacionadas aos comportamentos exibidos pelas pessoas ilustradas à direita na imagem?

VOCÊ VAI APRENDER SOBRE:
- Fatores de risco para doenças
- Verminoses
- Viroses
- Doenças causadas por bactérias
- Doenças causadas por protozoários
- Doenças da modernidade

SAÚDE E DOENÇAS

O QUE VOCÊ TEM PARA CONTAR?

Muitas vezes, ouvimos pessoas comentarem que têm uma vida saudável, pois raramente adoecem. Para você o que é uma vida saudável? Por quê?

A saúde envolve diversos aspectos e um deles é a ausência de doenças. As doenças prejudicam o funcionamento do corpo e podem ter diversas causas. Algumas doenças são causadas por organismos, como vermes, vírus, bactérias e protozoários; outras podem ser resultado dos nossos hábitos de vida.

Você já sabe que a higiene deve fazer parte de nossas atividades diárias. O cuidado com o próprio corpo, a higienização dos alimentos, bem como dos ambientes domésticos e públicos são atitudes que ajudam a evitar doenças. Elas impedem a contaminação do nosso corpo ou do ambiente por organismos causadores de doença, preservando assim a nossa saúde.

Lavar as mãos com água e sabão elimina os microrganismos que causam doenças.

A poluição do meio ambiente também prejudica nossa saúde. Os governantes têm obrigação de fornecer os serviços de tratamento da água, de rede de esgoto e de recolhimento dos resíduos sólidos, isto é, de proporcionar infraestrutura básica para a população. Ainda há muitas pessoas que não têm acesso a esses benefícios e estão mais expostas aos riscos de contrair diversas doenças. Porém, a responsabilidade pela preservação do ambiente é de todos os seres humanos. O bem-estar da sociedade depende também de atitudes conscientes e responsáveis dos seus cidadãos, como não jogar lixo em rios e outros lugares inadequados.

Córrego poluído em região em que não há rede de coleta de esgoto. Juazeiro, Bahia, 2016.

ATIVIDADES

Observe a figura a seguir e responda às questões.

1. Que fontes de contaminação do rio são mostradas na imagem acima?

_____

_____

_____

2. Compare essa imagem com a foto do córrego da página anterior.

   a) O que esses ambientes têm em comum?

   b) Na sua opinião, as pessoas que vivem nesses ambientes podem estar doentes?

   c) Que ações você proporia para resolver essas situações?

VERMINOSES

 Você já teve ou conhece alguém que teve uma doença causada por vermes?

O QUE SÃO VERMES?

Os vermes são organismos que podem se hospedar no organismo dos seres humanos ou de outros seres vivos, como bois, aves, peixes, insetos e até plantas, e dele retiram os nutrientes que necessitam para sobreviver, causando prejuízos à saúde de seu hospedeiro.

As doenças causadas por vermes em seres humanos são chamadas verminoses. Pessoas com verminose costumam ficar abatidas e precisam procurar um profissional da saúde para receber tratamento adequado.

COMO OS VERMES ENTRAM EM NOSSO CORPO?

O ciclo de vida da maior parte dos vermes é constituído de três fases: ovo, larva e fase adulta.

Os seres humanos podem ser contaminados por ovos de vermes ao ingeri-los. Isso pode acontecer ao consumir alimentos mal lavados e carnes mal cozidas, ao levar a mão suja e contaminada à boca ou ao usar água contaminada para cozinhar, beber ou tomar banho. Uma vez dentro do organismo, a larva sai do ovo, cresce, transforma-se no verme adulto e se reproduz. Em muitos casos, alguns dos ovos são liberados com as fezes e podem voltar ao ambiente, caso não haja tratamento adequado do esgoto. No ambiente esses ovos podem contaminar a água e os alimentos, fechando o ciclo.

A larva de alguns vermes também pode contaminar o organismo humano penetrando ativamente pela pele ou sendo ingerida, em situações como as descritas para os ovos.

Você percebeu que esses problemas de contaminação podem ser evitados? Todos os cidadãos têm direito ao saneamento básico, conjunto de serviços importantes em uma cidade, que inclui uma rede coletora de esgoto, o tratamento da água, a coleta de resíduos, a limpeza das ruas e calçadas e o escoamento das águas de chuvas.

Estação de tratamento de esgoto em Cambé, Paraná, 2015. Nela, a água com resíduos que sai de casas, indústrias e outros estabelecimentos é tratada e as impurezas retiradas antes de ser devolvida para o ambiente.

ALGUMAS VERMINOSES

Conheça a seguir algumas verminoses que podem ser adquiridas pelo ser humano e as consequências para sua saúde.

ANCILOSTOMOSE OU AMARELÃO

Verme causador: ancilóstomo.

Forma de contágio:

As larvas deste verme, que vivem em solos contaminados, penetram pela pele.

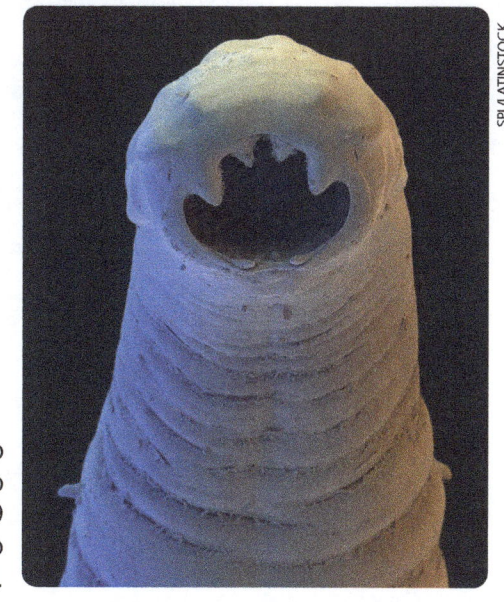

Ancilóstomo visto ao microscópio (aumento aproximado de 159 vezes e colorido artificial).

ESQUEMA ILUSTRATIVO. OS ELEMENTOS NÃO FORAM REPRESENTADOS EM PROPORÇÃO DE TAMANHO ENTRE SI. AS CORES NÃO CORRESPONDEM AOS TONS REAIS.

Não usar calçados em solos contaminados facilita a penetração da larva através da pele.

Ciclo de vida do verme:

Ao penetrar no organismo humano, as larvas se desenvolvem em vermes adultos. Estes se reproduzem no intestino humano, e os ovos são liberados nas fezes. Se não houver tratamento de esgoto, os ovos se desenvolvem em larvas no solo.

Principais sintomas:
- Fraqueza e indisposição.
- Palidez, pele amarelada, daí o nome amarelão.

Como evitar:
- Andar sempre calçado.
- Não entrar em contato com solo contaminado.
- Implantação de saneamento básico pelo governo para evitar a contaminação do solo.

ASCARIDÍASE

Verme causador: lombriga.

Lombrigas.

Formas de contágio:
- Ingestão de alimentos mal lavados.
- Ingestão de ovos presentes nas mãos sujas, contaminadas.
- Beber água contendo ovos.

Ciclo de vida do verme:

No interior do corpo humano os ovos se desenvolvem. Os vermes adultos se reproduzem no intestino humano e os ovos são liberados nas fezes podendo contaminar a água, o solo e os alimentos.

Principais sintomas:
- Falta de apetite.
- Fortes dores de barriga e diarreia.
- Náuseas e vômitos.
- Emagrecimento.

Deve-se sempre ferver a água não tratada antes de bebê-la ou usá-la para cozinhar.

Como evitar:
- Higienizar bem os alimentos.
- Lavar as mãos antes das refeições.
- Beber somente água tratada e filtrada ou fervida.
- Implantação de saneamento básico pelo governo para evitar a contaminação da água e dos alimentos.

ESQUISTOSSOMOSE

Verme causador: esquistossomo.

Forma de contágio:

Penetração das larvas do esquistossomo através da pele.

Ciclo de vida do verme:

Os ovos do esquistossomo são encontrados nas fezes de pessoas contaminadas. Se elas atingirem rios e lagos, os ovos se desenvolvem na água e dão origem às larvas, que se instalam em um tipo de caramujo. Após um tempo, as larvas abandonam o caramujo e ficam na água, podendo penetrar na pele das pessoas. Nos seres humanos, os vermes se desenvolvem e se reproduzem, fechando o ciclo.

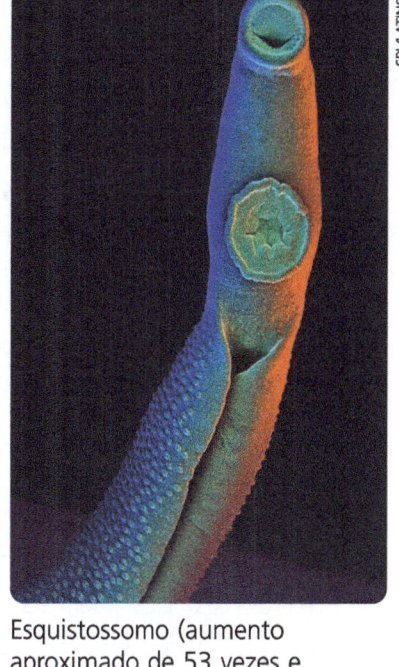

Esquistossomo (aumento aproximado de 53 vezes e colorido artificial).

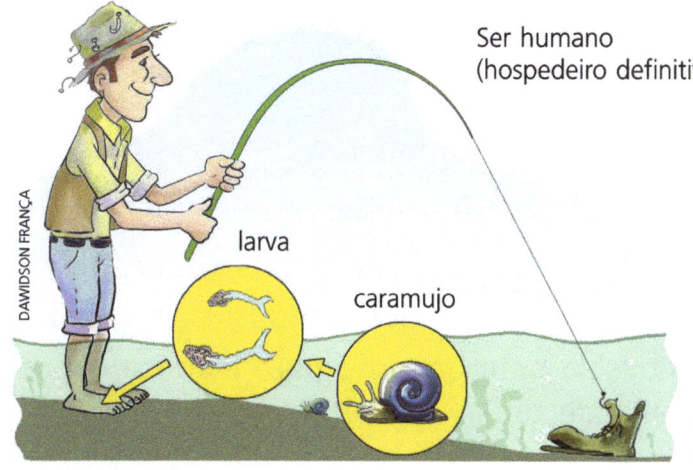

ESQUEMA ILUSTRATIVO. OS ELEMENTOS NÃO FORAM REPRESENTADOS EM PROPORÇÃO DE TAMANHO ENTRE SI. AS CORES NÃO CORRESPONDEM AOS TONS REAIS.

Etapas do desenvolvimento do esquistossomo.

Principais sintomas:
- Fraqueza.
- Febre.
- Dor abdominal e diarreia.
- Náusea e vômitos.
- Aumento do volume do abdômen, o que é popularmente chamado de barriga-d'água.

Como evitar:
- Não nadar ou utilizar água de lagos ou rios com caramujos.
- Proteger a pele ao entrar em contato com rios ou lagos contaminados.
- Implantação de saneamento básico pelo governo para evitar a contaminação de rios e lagos.

TENÍASE

Verme causador: tênia, também conhecida como solitária.

Forma de contágio:

Ingestão de carnes de porco ou boi mal cozidas, que estejam contaminadas com as larvas da tênia. Essas larvas são chamadas cisticercos.

Ciclo de vida do verme:

Os ovos da tênia podem contaminar a água e os alimentos. Quando esses ovos são ingeridos por porcos ou bois, eles se desenvolvem em larvas, que ficam alojadas na musculatura desses animais. Ao ingerir essa carne mal cozida, as larvas entram no organismo humano e se desenvolvem nos vermes adultos. Eles se fixam no intestino e lá se reproduzem. Os ovos são liberados nas fezes humanas.

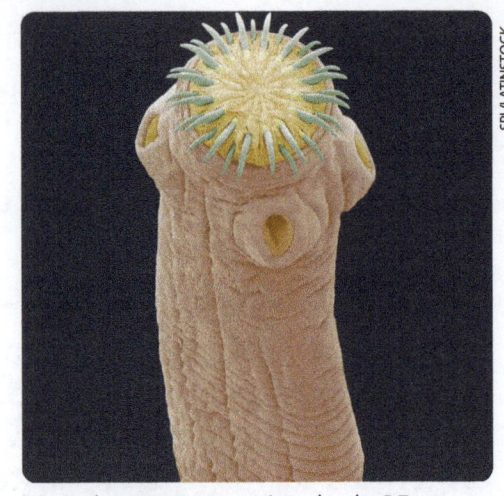

Tênia (aumento aproximado de 35 vezes e colorido artificial). As tênias têm estruturas na cabeça que permitem a fixação no intestino humano.

Principais sintomas:
- Dor abdominal e diarreia.
- Náuseas.
- Irritabilidades.
- Indisposição.

Como evitar:
- Alimentar-se somente de carne de boi e de porco muito bem cozidas.
- Implantação de saneamento básico pelo governo para evitar a contaminação do ambiente com os ovos da tênia.

É importante cozinhar muito bem as carnes, para evitar a teníase.

ATIVIDADES

1. Leia o texto e responda às perguntas.

Você já deve ter ouvido falar do autor Monteiro Lobato, o criador dos personagens do Sítio do Pica-pau amarelo. Monteiro Lobato também escreveu histórias para adultos. Em um desses livros, Urupês, o autor criou o personagem Jeca Tatu, simbolizando a classe pobre que morava na zona rural e que não tinha assistência médica. Isso foi por volta de 1920. Jeca Tatu era um homem pálido, de aparência amarelada, magro, desanimado por causa da verminose que tinha. Um médico, ao encontrar Jeca Tatu, resolveu examiná-lo e perguntou o que ele sentia. Ele contou que sentia fraqueza e indisposição. O médico receitou-lhe remédio e fez mais algumas recomendações.

Personagem Jeca Tatu. Livro de Monteiro Lobato, publicado pela Companhia Editora Nacional, em 1930.

a) Fraqueza, indisposição e aparência amarelada são características de qual verminose?

b) Além do remédio receitado, o médico fez mais algumas recomendações para evitar que Jeca Tatu desenvolvesse novamente essa verminose. Se você fosse o médico, que recomendações daria a ele?

2. Circule a imagem que mostra uma atitude que previne a ascaridíase.

35

VIROSES

 Você conhece alguma doença causada por vírus? Como ela pode ser evitada?

Você provavelmente já teve ou conhece alguém que teve uma gripe ou um resfriado. Essas são algumas das doenças causadas por vírus e que, portanto, são chamadas viroses.

A seguir, veremos outros tipos de viroses que podem ser adquiridas pelo ser humano.

RAIVA

Forma de contágio: pela mordida ou arranhão de animais contaminados, como cães, gatos, macacos e morcegos.

Principais sintomas: dores de cabeça, agitação, ansiedade, dificuldade para engolir e respirar, desconforto forte em relação à luz (fotofobia), coceira com formigamento.

Observação: a raiva é uma doença que precisa de cuidados imediatos, pois, caso contrário, pode levar à morte.

Como evitar: aplicar a vacina antirrábica em cães e gatos.

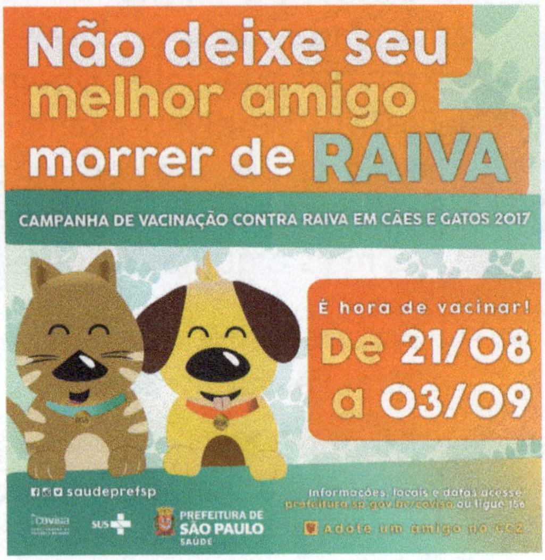

Cartaz de campanha de vacinação contra raiva em cães e gatos. A raiva não afeta animais vacinados.

DENGUE

Forma de contágio: principalmente pela picada da fêmea do mosquito *Aedes aegypti*, contaminada com o vírus da dengue. Esse mosquito tem o hábito de picar durante o dia e sua larva se desenvolve em água parada. Com a picada, o mosquito transmite para o ser humano o vírus que, ao se alojar no organismo, causa a doença.

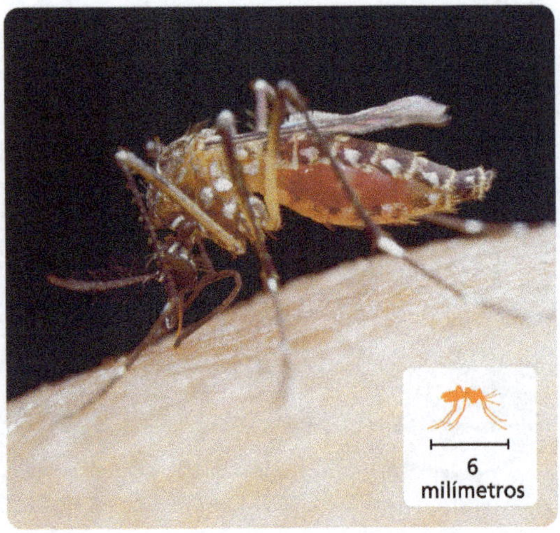

Mosquito *Aedes aegypti*, que transmite a dengue.

6 milímetros

Principais sintomas: dores de cabeça e no fundo dos olhos, dores nas articulações e nos músculos, febre alta e súbita, náuseas e vômito, manchas avermelhadas pelo corpo.

Como evitar: combate ao mosquito transmissor por medidas governamentais. Impedir o desenvolvimento das larvas dos mosquitos em água parada, tampando caixas-d'água e retirando o acúmulo de água de diversos recipientes ao ar livre. Impedir a picada do mosquito, por exemplo, usando repelentes e redes de proteção.

Para combater o mosquito transmissor da dengue é essencial guardar garrafas e pneus em locais protegidos, e colocar areia nos pratos de vasos de plantas. Essas atitudes evitam o acúmulo de água parada, necessário para o desenvolvimento das larvas do mosquito.

ATIVIDADES

1. Leia a manchete da notícia abaixo e responda às questões a seguir:

> "Brasil registrou quase 50 mil casos de dengue em 2017;
> doença é perigo também para grávidas"

Joelli Azevedo. **Brasil registrou quase 50 mil casos de dengue em 2017; doença é perigo também para grávidas.** Pernambuco: Cremepe, 29 mar. 2017. Disponível em: <http://cremepe.org.br/2017/03/29/brasil-registrou-quase-50-mil-casos-de-dengue-em-2017-doenca-e-perigo-tambem-para-gravidas>. Acesso em: 30 mar. 2018.

- Que atitudes você pode ter para colaborar com o combate ao mosquito e diminuir a ocorrência de dengue?

2. A dengue é causada por:

☐ um vírus. ☐ um mosquito.

3. Entreviste um adulto que tenha animais de estimação ou, se possível, um veterinário. Pergunte tudo o que você quiser saber sobre a vacinação contra a raiva. Por exemplo: Que animais devem ser vacinados? Quando deve ocorrer a primeira vacinação? E as próximas? Quais são os riscos de o animal não ser vacinado? Escreva as respostas em seu caderno e apresente seus resultados aos demais colegas.

DOENÇAS CAUSADAS POR BACTÉRIAS

> Por que devemos evitar o contato com água de enchente?

Algumas bactérias podem causar doenças nos seres humanos. A seguir você conhecerá algumas dessas doenças.

LEPTOSPIROSE

Forma de contágio: pelo contato direto com a urina de animais infectados com a bactéria causadora da doença, principalmente ratos. Também pode ser contraída pelo contato com água, comida ou objetos contaminados com a urina. É muito comum a contaminação após enchentes causadas pelas chuvas nos centros urbanos.

O contato com a água de enchentes deve ser evitado, pois ela pode estar contaminada com a bactéria causadora da leptospirose. Jataizinho, Paraná, 2016.

Principais sintomas: febre alta e súbita, dor de cabeça, dor muscular, náusea e vômitos, calafrios.

Como evitar: não ter contato com água de enchentes, higienizar os alimentos que serão ingeridos crus. Além disso, é importante a implementação de medidas governamentais para combater os ratos, como a coleta de resíduos sólidos.

CÓLERA

Forma de contágio: por meio da ingestão de água ou de alimentos contaminados com a bactéria causadora da doença.

Principais sintomas: fortes diarreias, abatimento, perda de água pelo organismo que pode levar à desidratação.

Higienizar os alimentos e cozinhá-los mata as bactérias causadoras da cólera.

Como evitar: higienizar e cozinhar bem os alimentos, beber somente água tratada e filtrada ou fervida. Implementação de saneamento básico pelo governo, para evitar a contaminação da água e dos alimentos pelas bactérias eliminadas nas fezes e vômitos dos doentes.

DOENÇAS CAUSADAS POR PROTOZOÁRIOS

> Você já ouviu falar em doença de Chagas? Em caso positivo, onde?

Os protozoários são microrganismos que também podem causar doenças no ser humano. Vamos ver uma conhecida doença no Brasil causada por um protozoário.

DOENÇA DE CHAGAS

Protozoário causador: tripanossomo.

Forma de contágio: principalmente pela picada do inseto conhecido como barbeiro. Esse inseto se alimenta de sangue humano e, ao picar uma pessoa, defeca ao lado da picada. Como ele pode conter tripanossomos em seu intestino, as fezes do animal também contêm esses protozoários. Se a pessoa coçar o local da picada, os tripanossomos das fezes do barbeiro entram na corrente sanguínea dela, contaminando-a.

Barbeiro, inseto transmissor da doença de Chagas.

ESQUEMA ILUSTRATIVO. OS ELEMENTOS NÃO FORAM REPRESENTADOS EM PROPORÇÃO DE TAMANHO ENTRE SI. AS CORES NÃO CORRESPONDEM AOS TONS REAIS.

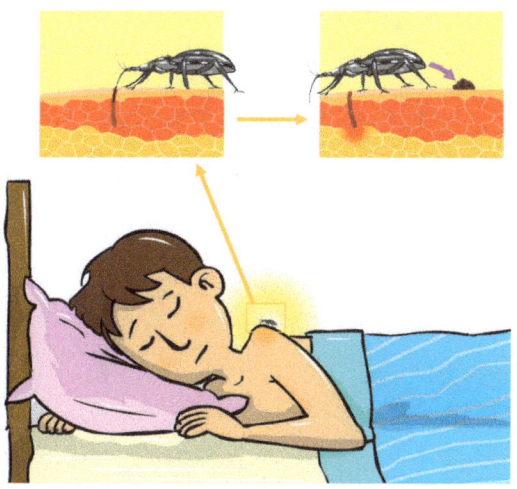

Representação da contaminação com as fezes do barbeiro.

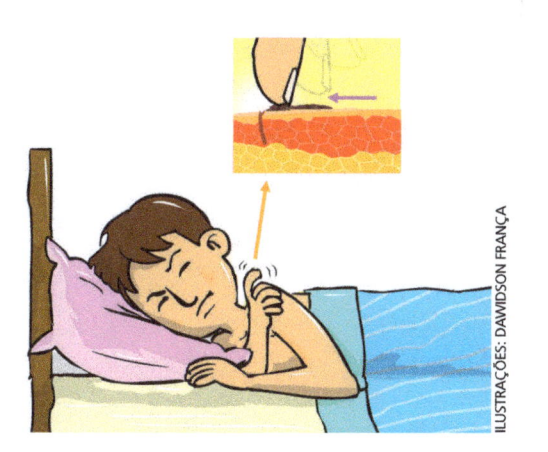

Principais sintomas: febre, mal-estar, inchaço nos olhos, em muitos casos pode ocorrer aumento de um ou mais órgãos, como coração e fígado. Essa doença pode não apresentar sintomas durante anos.

Como evitar: manter limpos os ambientes em que se vive; fechar buracos em paredes e frestas nos telhados de residências para evitar a entrada do barbeiro.

ATIVIDADES

1. Em locais onde ocorrem enchentes, crianças podem vir a mergulhar nas águas acumuladas nas ruas. Considerando o que você aprendeu sobre doenças bacterianas, explique por que isso não deve ser feito.

_____

_____

2. Ligue as medidas de prevenção às doenças a que elas se aplicam.

| Leptospirose | | Higienizar os alimentos. |

| Cólera | | Não tomar caldo de cana ou açaí sem conhecer a procedência. |

| Doença de Chagas | | Não entrar em contato com água de enchente. |

3. Faça um desenho que explique como uma pessoa pode contrair doença de Chagas.

LER PARA... CONHECER

A CIENTISTA MARIA DEANE

O que sabemos hoje sobre as doenças causadas por vários parasitas é resultado do estudo de diversos cientistas brasileiros. Entre eles, a cientista Maria Deane (1916-1995) teve um importante papel. Ela fez muitas descobertas sobre a doença de Chagas e outras doenças causadas por protozoários, como a leishmaniose e a malária.

Leia o texto abaixo que fala um pouco sobre essa pesquisadora.

[...] Mais que uma cientista pioneira, Maria Deane foi uma mulher à frente de seu tempo: na década de 1930, formou-se em medicina, tornou-se cientista e desbravou o interior do país para investigar doenças até hoje negligenciadas. Uma trajetória condizente à sua produção científica extremamente original, que até hoje levanta discussões. Decidida, dona de personalidade forte, Maria Deane não tolerava injustiças. Em sua vida pessoal e durante toda a carreira científica, sempre optou pela defesa de valores como humildade, solidariedade e honestidade.

[...]

Sempre a serviço da saúde pública, Maria Deane dedicou-se ao enfrentamento de importantes endemias e registrou contribuições ímpares para o desenvolvimento do conhecimento científico na área da protozoologia. [...] integrou diferentes serviços de saúde pública e percorreu o interior do país para investigar a ocorrência de doenças como leishmaniose visceral, malária e doença de Chagas. [...]

Negligenciado: que não tem a atenção devida.
Endemia: doença que se mantém constante em uma região, atingindo um número significativo de pessoas.
Protozoologia: ramo da ciência que estuda os protozoários.

Bel Levy. Especial sobre a cientista Maria Deane, uma mulher à frente do seu tempo. **Agência Fiocruz de notícias**, jul. 2008. Disponível em: <https://agencia.fiocruz.br/especial-sobre-a-cientista-maria-deane-uma-mulher-a-frente-do-seu-tempo>. Acesso em: 30 mar. 2018.

- Agora que você já conhece o significado de endemia e doenças negligenciadas, responda: Você acha importante que cientistas se dediquem ao estudo dessas doenças? Por quê?

DOENÇAS DA VIDA MODERNA

> Você acha que os hábitos de vida interferem na saúde das pessoas?

Os grandes avanços da tecnologia, em diversos setores, trouxeram muitos benefícios à sociedade. Ao olharmos ao nosso redor, podemos perceber esses avanços em muitos lugares: na escola, no trabalho, em casa, na rua, no campo.

A evolução dos meios de transporte e de comunicação é um exemplo desse progresso, que facilitou a vida das pessoas.

Porém, precisamos ficar atentos a alguns aspectos que caminham juntos com esses avanços e que não são bons para a nossa saúde.

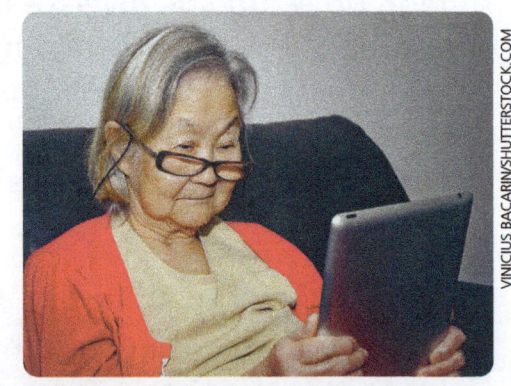

O acesso à internet permitiu às pessoas de todas as idades maior facilidade de estudo, trabalho, diversão e comunicação.

O uso de computador e celular por várias horas seguidas, a preferência por uso de veículos motorizados, mesmo que para curtas distâncias, e o consumo de produtos alimentícios industrializados são alguns exemplos de atitudes que comprometem a saúde. Eles podem causar diversos problemas, como obesidade, menor disposição física, dependência de uso de aparelhos eletrônicos, estresse, entre outros.

Esses problemas podem ser evitados adotando-se hábitos de vida mais saudáveis. Veja alguns a seguir.

- Limitar o tempo de uso do computador, celular e outros aparelhos eletrônicos.
- Dormir pelo menos oito horas por dia (o sono é importante para o desenvolvimento e aprendizado).
- Evitar o estresse no estudo e outras atividades do dia a dia.
- Praticar atividades físicas regularmente, na medida certa e de forma prazerosa, para fortalecer o corpo e não causar danos.

Praticar atividades físicas pode ser divertido e saudável.

- Consumir alimentos de qualidade, de preferência caseiros, e em quantidade necessária.
- Divertir-se passeando, encontrando os amigos, frequentando parques, museus, lendo bons livros, como você preferir.

OFICINA

IMPACTOS DAS NOVAS TECNOLOGIAS

Nessa Oficina, vocês vão fazer uma entrevista sobre os efeitos das novas tecnologias na vida das pessoas.

1. Entrevistem duas pessoas, durante o horário de intervalo, sobre como as novas tecnologias interferem na vida delas.
2. Preparem antecipadamente uma lista de perguntas a serem feitas. Anotem-nas no caderno.
3. Registrem as entrevistas com um telefone celular ou outro aparelho com o recurso de filmagem.
4. Depois, vocês irão editar o filme e postá-lo no *blog* indicado pelo professor.

ATIVIDADES

▼ INVESTIGANDO E EXPERIMENTANDO

1. Quais atitudes para ter uma vida mais saudável você adota?

2. Por que a substituição do uso do carro pela caminhada pode contribuir para a saúde?

3. Imaginem que vocês tenham que ficar três dias sem assistir à televisão e sem usar computador. Que atividades realizariam? Planejem esse dia e, após a sua realização, façam registros no caderno sobre o que aconteceu e como você se sentiu.

#FICA A DICA

Internet: informações demais... fique atento!, de Jennifer Moore Mallinos. Ciranda Cultural, 2013.

O computador é muito útil. Com ele pode-se jogar, trabalhar, assistir a vídeos e navegar pela internet. Mas há uma série de regras importantes para que o uso da internet seja prazeroso, divertido e seguro. Este livro mostra algumas delas.

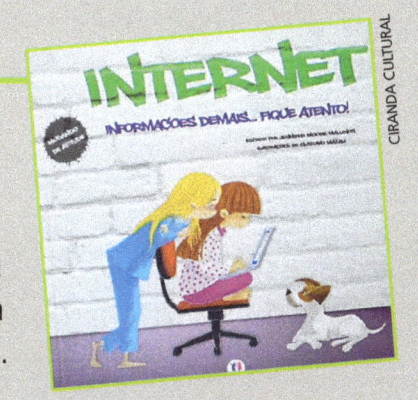

UM PASSO A MAIS

1. Observe a imagem acima.

a) Na sua opinião, o que as pessoas estão procurando fazer ao substituir o uso de aparelhos eletrônicos por outros tipos de atividades ao ar livre?

_____
_____
_____

b) Todas as pessoas estão usando calçados. Qual a importância de estarem calçadas?

_____
_____
_____
_____

c) Que verminose estudada nesta unidade pode ser evitada pelo uso de calçados?

2. Que tal elaborar um cartaz com explicações sobre uma das doenças estudadas nesta unidade? Inclua no cartaz as principais características da doença, a forma de contágio e os meios de prevenção. Depois de pronto você pode afixá-lo na escola ou pedir para que donos de comércio e funcionários de serviços públicos próximos o exponham em locais bem visíveis, a fim de que a população possa ter acesso a essas informações.

3. Analise o gráfico abaixo e responda.

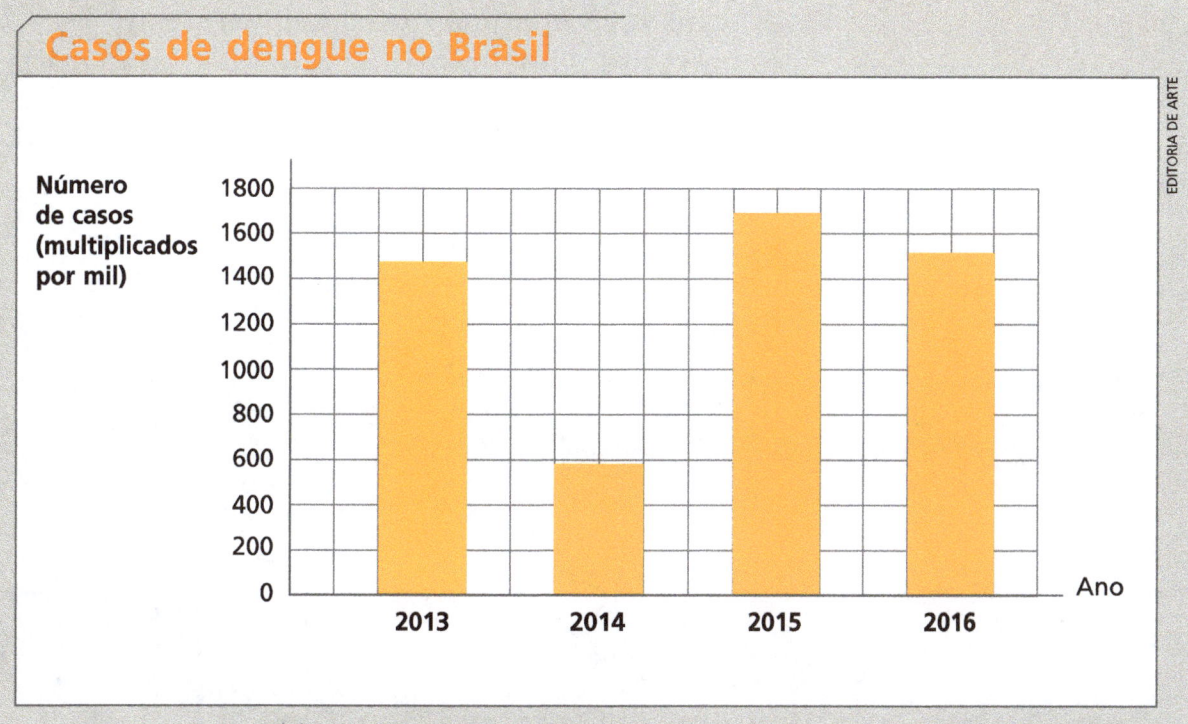

Casos de dengue no Brasil

Número de casos (multiplicados por mil) — eixo vertical de 0 a 1800.
- 2013: aproximadamente 1470
- 2014: aproximadamente 580
- 2015: aproximadamente 1690
- 2016: aproximadamente 1510

Fonte: Ministério da Saúde. Disponível em: <http://portalarquivos.saude.gov.br/images/pdf/2017/fevereiro/10/Dengue-classica-ate-2016.pdf>. Acesso em: 27 out. 2017.

- Em qual dos anos mostrados no gráfico houve maior número de casos de dengue? E menor?

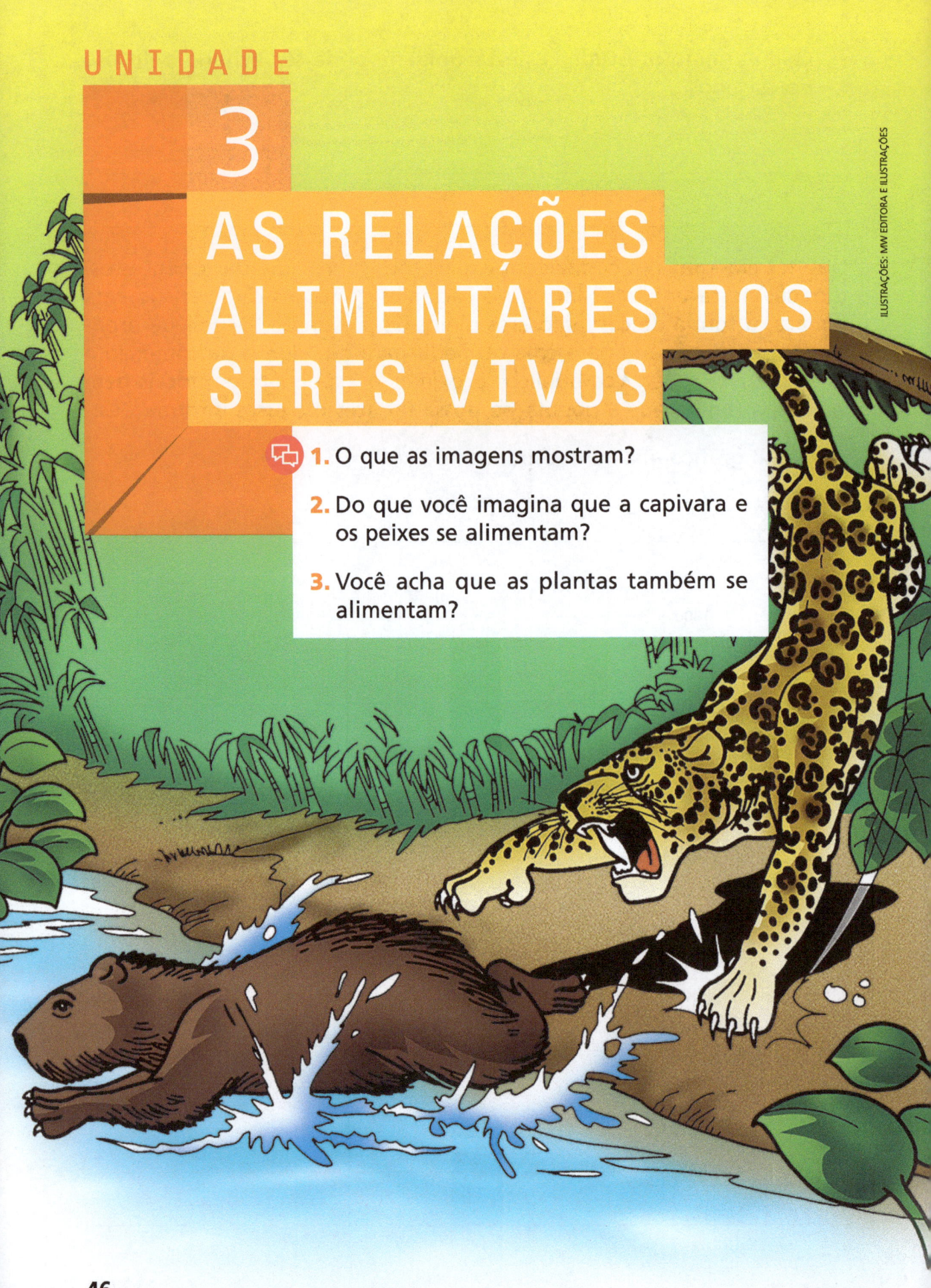

UNIDADE

3

AS RELAÇÕES ALIMENTARES DOS SERES VIVOS

1. O que as imagens mostram?

2. Do que você imagina que a capivara e os peixes se alimentam?

3. Você acha que as plantas também se alimentam?

VOCÊ VAI APRENDER SOBRE:
- Fotossíntese
- Classificação dos seres vivos pelo modo de alimentação
- Cadeia alimentar
- Teia alimentar

AS PLANTAS SE ALIMENTAM

O QUE VOCÊ TEM PARA CONTAR?

Assim como os animais, as plantas necessitam de alguns elementos para sobreviver. Você tem plantas em casa? Do que elas precisam para ficar saudáveis?

Todos os seres vivos precisam de alimento para viver. Com as plantas não é diferente. Elas também precisam se alimentar para crescer e se desenvolver. Mas como elas obtêm esse alimento?

FOTOSSÍNTESE

Ao contrário dos animais, as plantas produzem o próprio alimento por meio de um processo chamado fotossíntese. Para esse processo são necessários três componentes básicos: luz, água e gás carbônico.

A água é absorvida do solo pela raiz das plantas e transportada até as folhas pelo caule. O gás carbônico é geralmente absorvido do ar pelas folhas. Já a luz é a fonte de energia para esse processo e é captada por uma substância chamada clorofila, presente nas folhas. É ela que dá a cor verde às folhas. A partir desses elementos, a planta produz o seu próprio alimento e gás oxigênio, que é liberado para o ambiente.

Esquema da fotossíntese, mostrando absorção de luz, gás carbônico e água e liberação de gás oxigênio.

A IMPORTÂNCIA DA FOTOSSÍNTESE PARA A VIDA

O processo de fotossíntese tem grande importância para a vida na Terra. Ele libera o gás oxigênio, que é necessário para todos os seres vivos que respiram, inclusive as plantas.

Além disso, a fotossíntese retira gás carbônico do ar. Esse gás é liberado na respiração e em algumas atividades humanas; por exemplo, na queima de combustíveis fósseis, como a gasolina. O excesso desse gás na atmosfera pode provocar impactos ambientais.

Os escapamentos de veículos emitem gás carbônico.

ATIVIDADE

- Laura teve uma aula de Ciências sobre plantas. Veja o que ela aprendeu e faça o que se pede.

    a) Circule o elemento que ela citou e que é a fonte de energia para a fotossíntese.

    b) Escreva o que é produzido na fotossíntese.

    _____

    _____

> PARA REALIZAR A FOTOSSÍNTESE, AS PLANTAS PRECISAM DE CLOROFILA, ÁGUA, GÁS CARBÔNICO E LUZ.

LER PARA... DESCOBRIR

PLANTAS NO QUARTO?

Muita gente fala que dormir com plantas dentro do quarto pode fazer mal à saúde. Mas será que isso é verdade? Leia os textos abaixo, que respondem a essa pergunta, e descubra.

▼ TEXTO 1

"Se fosse [verdade], não haveria um índio vivo na Floresta Amazônica", argumenta o botânico Gilberto Kerbauy, da Universidade de São Paulo. As plantas realmente consomem oxigênio no processo de respiração.

De dia, com a luz do Sol, isso é compensado pela fotossíntese, que absorve gás carbônico do ar e libera oxigênio. À noite, elas roubam de volta um pouco do que produziram.

Mas fique tranquilo: não vai faltar ar no seu quarto. A quantidade consumida por um vegetal não chega perto daquela que um cachorro respira. Dormir cercado de plantas é menos sufocante do que passar a noite em um quarto cheio de gente.

É VERDADE que faz mal dormir com plantas no quarto? **Superinteressante**, São Paulo, 2 dez. 2016. Disponível em: <https://super.abril.com.br/comportamento/planta-no-quarto-nao-mata-ninguem/>. Acesso em: 31 mar. 2018.

▼ TEXTO 2

A verdade é que dormir com plantas dentro do quarto realmente não é recomendável para pessoas alérgicas. Mas o motivo não é porque elas respiram durante a noite e podem competir pelo oxigênio com você. Acontece que [...] as plantas desenvolveram mecanismos que as permitem escapar da ação de insetos sugadores liberando, especialmente à noite, substâncias que são repelentes naturais contra insetos [...]. São essas substâncias que, no quarto fechado durante a noite, provocam a tal sensação de falta de ar. Para pessoas não alérgicas, manter plantas em quarto é uma ótima maneira de se sentir mais perto da natureza além de ajudar você a ter uma noite de sono relaxante.

> Ricardo Ferraz de Oliveira. Faz mal dormir com plantas dentro do quarto? Piracicaba: Esalq/USP, 2015. Disponível em: <http://www.esalq.usp.br/lepse/imgs/conteudo_thumb/Faz-mal-dormir-com-plantas-dentro-do-quarto.pdf>. Acesso em: 31 mar. 2018.

1. Converse com um colega e, após lerem os textos, indiquem o que vocês responderiam a uma pessoa que dissesse que dormir com plantas no quarto é prejudicial à saude.

2. Faça um X indicando quando a planta realiza cada processo.

   Fotossíntese: ☐ Dia.   ☐ Noite.

   Respiração: ☐ Dia.   ☐ Noite.

3. Você tem plantas no seu quarto? Outras pessoas ou animais dormem com você?

4. Faça um desenho do seu quarto mostrando as respostas da questão anterior e outras características dele.

OS SERES VIVOS E A OBTENÇÃO DE ALIMENTO

> Todos os seres vivos obtêm alimento da mesma forma?

Vimos que todos os seres vivos precisam de alimento para sobreviver e que as plantas obtêm seu alimento pela fotossíntese. Mas e os demais seres vivos, como obtêm alimento?

Há duas formas de os seres vivos obterem alimento: produzindo-o, como as plantas, ou se alimentando de outros seres vivos.

Dependendo da forma como obtêm alimento, os seres vivos são classificados em: produtores, consumidores ou decompositores.

SERES PRODUTORES

As algas e as plantas dos ambientes aquático e terrestre produzem o próprio alimento por meio da fotossíntese, por isso são chamadas de seres produtores.

Plantas (A e B) e algas (C) são exemplos de seres produtores.

SERES CONSUMIDORES

Os animais não produzem o próprio alimento. Para conseguir a energia necessária para viver, eles precisam se alimentar de outros seres vivos ou de partes deles; por isso são chamados de consumidores.

Há animais que se alimentam de plantas ou algas, e animais que se alimentam de outros organismos.

A — 120 centímetros

B — 110 centímetros

Animais herbívoros, como o veado-campeiro (A), e carnívoros, como a garça-azul-grande (B), são consumidores.

SERES DECOMPOSITORES

Algumas bactérias e fungos se alimentam de organismos mortos e restos de seres vivos, realizando o processo de decomposição; portanto, eles são chamados de decompositores. Eles transformam a matéria orgânica em substâncias mais simples que ficam disponíveis no ambiente e podem ser aproveitadas pelos seres produtores.

Tronco em decomposição com fungos (cogumelos).

ATIVIDADES

1. Complete as frases com as palavras adequadas.

   a) As plantas são chamadas de seres _____ porque produzem seu alimento quando realizam a fotossíntese.

   b) Os animais alimentam-se de outros seres vivos, por isso são chamados de seres _____.

   c) Há seres que decompõem restos de plantas e animais mortos. Esses seres são chamados de seres _____.

2. Você concorda com as afirmações abaixo? Por quê?

   a) Quando um ser humano está cozinhando seu próprio alimento, ele pode ser classificado como um ser produtor.

   b) Os urubus se alimentam de animais mortos; eles são então decompositores.

3. Classifique os seres abaixo colocando a letra **P** para Produtores, **C** para consumidores e **D** para os decompositores.

CADEIA ALIMENTAR

> Como os seres vivos interagem, considerando a alimentação?

Uma das interações mais importantes entre os seres vivos são as relações alimentares. Todos os seres vivos se alimentam ou podem servir de alimento para outros seres vivos.

Por exemplo, as plantas podem servir de alimento para animais herbívoros. Muitos animais carnívoros, chamados predadores, para se alimentarem, caçam outros animais, que são chamados de presas.

A cadeia alimentar é a representação de uma sequência de seres vivos, em que um serve de alimento para o outro. Nela os seres vivos são ligados por setas, estas partem do organismo que serve de alimento para o que se alimenta.

As cadeias alimentares sempre se iniciam com os produtores, como as plantas, pois são elas que produzem o próprio alimento pela fotossíntese. Em seguida estão os consumidores que se alimentam dos produtores. Estes são seguidos por outros consumidores. Os decompositores atuam sobre todos os seres vivos da cadeia.

Portanto, os produtores são essenciais para a vida na Terra, pois é a partir deles que os alimentos surgem, são transformados e transferidos de um ser vivo para o outro. E é a luz solar que fornece a energia para a maioria dos produtores produzirem o seu próprio alimento.

ESQUEMA ILUSTRATIVO. OS ELEMENTOS NÃO FORAM REPRESENTADOS EM PROPORÇÃO DE TAMANHO ENTRE SI. AS CORES NÃO CORRESPONDEM AOS TONS REAIS.

Cadeia alimentar, em que a planta serve de alimento para o pássaro, que serve de alimento para o gato-do-mato, que serve de alimento para a onça-pintada. Todos esses organismos quando morrem servem de alimento para os decompositores.

IMPACTO NAS CADEIAS ALIMENTARES

Algumas ações humanas, como desmatamento, queimada, caça de animais, transporte de espécies, entre outras, podem interferir na vida dos seres vivos. Por exemplo, se um determinado animal é caçado intensamente, ele pode vir a desaparecer na região. Outro exemplo é se um grupo de animais é inserido em um ambiente onde não ocorre naturalmente. É provável que eles não encontrem predadores naturais e, com isso, multipliquem-se rapidamente, aumentando muito a quantidade de indivíduos, que vão se alimentar dos seres vivos da região. Esses dois exemplos interferem nas cadeias alimentares, aumentando ou diminuindo a chance de outro ser vivo encontrar alimento ou servir de alimento, causando desequilíbrios.

ATIVIDADE

- A imagem abaixo mostra animais que fazem parte de uma cadeia alimentar.

ESQUEMA ILUSTRATIVO. OS ELEMENTOS NÃO FORAM REPRESENTADOS EM PROPORÇÃO DE TAMANHO ENTRE SI. AS CORES NÃO CORRESPONDEM AOS TONS REAIS.

a) Quem é o produtor nesta representação? _____

b) Escreva o nome de um consumidor.

_____

c) Que ser vivo não serve de alimento para nenhum outro nesta representação? _____

d) Que seres vivos fazem parte de todas as cadeias alimentares, mas não estão ilustrados na figura? _____

> LER PARA... SE INFORMAR

O JAVALI

Há muito tempo, o javali, animal parecido com o porco doméstico, foi trazido da Europa para o Brasil com o objetivo de iniciar sua criação. Entretanto, houve descontrole nos locais de criação, e os javalis escaparam de seus criadouros para as florestas.

Para se alimentar, os javalis ingerem ovos de jacarés e tartarugas; caçam pequenos vertebrados, como lebres e ratos; e comem minhocas e insetos, mas têm preferência por plantas ou parte delas, como frutos e raízes. Nas florestas, as plantas são prejudicadas, pois o javali revolve o solo com o focinho, à procura de raízes, deixando-o esburacado e deixando mais lenta a reconstituição da vegetação. Além disso, eles atacam também plantações, principalmente de batatas, milho, causando muitos danos ao se movimentarem entre elas e ao arrancarem o alimento.

Em decorrência de sua rápida proliferação por diversas regiões do país, principalmente no Sul e na Amazônia, o Instituto Brasileiro do Meio Ambiente e dos Recursos Naturais (Ibama) autorizou em 2013 sua caça. Porém, para isso a pessoa precisa ser registrada e seguir algumas regras. O javali é o único animal com caça autorizada no Brasil.

Javali, animal considerado exótico no Brasil, pois não ocorre aqui naturalmente.

1,5 metro

1. O texto informa que a população de javalis aumentou excessivamente. O que você imagina que provocou esse aumento?

2. A presença de javalis nas florestas brasileiras pode prejudicar algumas cadeias alimentares? Explique sua resposta.

3. Que prejuízos os javalis causam aos produtores de batatas e de milho?

POR DENTRO DAS CADEIAS ALIMENTARES

As espécies que vivem em um mesmo ambiente estão ligadas entre si, como elos de uma grande corrente. O motivo que une as espécies é o alimento: alguns indivíduos de determinadas espécies servem de alimento a outros, transferindo-lhes a matéria que forma seus corpos e a energia que acumulam para realizar as suas funções vitais.

[...]

Matéria e energia passam de um elo a outro da cadeia alimentar: dos produtores aos consumidores e, dos produtores e consumidores aos decompositores. Parte da energia é consumida em cada elo, pelas atividades que os seres vivos desenvolvem para sobreviver. Desse modo, aos últimos elos sobram parcelas cada vez menores de energia. Daí falarmos em fluxo de energia. No caso da matéria, falamos em ciclo da matéria, uma vez que não há perda ao longo do trajeto.

[...]

Parte da energia que chega a um ser vivo é gasta em suas atividades de sobrevivência – no crescimento e na reprodução, por exemplo. Portanto, para o nível seguinte da cadeia alimentar passará sempre menos energia do que entrou. É por isso que os carnívoros superiores, que ocupam posições terminais nas cadeias alimentares, estão sempre mais ameaçados de extinção do que os outros seres vivos. Para eles sobra sempre uma parcela pequena de energia disponível. Além disso, qualquer quebra na cadeia alimentar coloca sua posição em risco.

Vera Rita Costa, **Ciência Hoje das Crianças**, julho de 1998. Disponível em: <http://chc.org.br/por-dentro-das-cadeias-alimentares/>. Acesso em: 31 mar. 2018.

O jacaré-do-pantanal obtém energia e matéria ao se alimentar de outros seres vivos.

ATIVIDADES

1. Depois da aula de Ciências, Tatiana estava conversando com seu colega Eduardo. Ele disse o seguinte:

   "Os animais carnívoros se alimentam de outros animais, certo, Tati? Portanto, a energia que eles consomem não vem do Sol, vem dos outros animais, que são consumidores primários."

   Na hora, Tatiana não sabia dizer se o seu colega estava certo ou errado. Mas, depois de pensar muito naquela frase, e lembrando-se do texto "Por dentro das cadeias alimentares", ela chamou o colega e lhe explicou o que ela achava.

   Marque a alternativa que melhor representa o que Tatiana poderia ter dito ao colega Eduardo:

   a) Dudu, você está certo quando diz que a energia dos animais carnívoros vem dos outros animais. Mas não se esqueça de que a energia do Sol é fixada pelos vegetais, e essa energia passa por toda a cadeia alimentar até chegar aos animais carnívoros!

   b) Dudu, você está totalmente errado. Os animais carnívoros são consumidores primários, e a energia que eles consomem vem do Sol, pela fotossíntese!

   c) Dudu, você está certo quando diz que a energia que os animais carnívoros consomem não vem do Sol. Porque os únicos seres que consomem energia diretamente do Sol são os vegetais. A energia que os consumidores primários e secundários consomem é outra forma de energia!

   d) Dudu, você está errado quando diz que a energia dos animais carnívoros vem dos outros animais. Os únicos seres que precisam de energia são os produtores e os decompositores!

2. Quando lemos o texto "Por dentro das cadeias alimentares", aprendemos que tanto a matéria quanto a energia passam de um ser a outro pela cadeia alimentar. No entanto, existe uma diferença entre o ciclo de matéria e o fluxo de energia. Qual é esta diferença?

3. Ainda sobre "Por dentro das cadeias alimentares": o texto cita diversos componentes de uma cadeia alimentar. Quais são os componentes não vivos citados pelo texto?

_____

_____

TEIA ALIMENTAR

> As cadeias alimentares ocorrem isoladas na natureza?

Que diferença você nota entre a imagem abaixo e as representações que você viu anteriormente de cadeias alimentares?

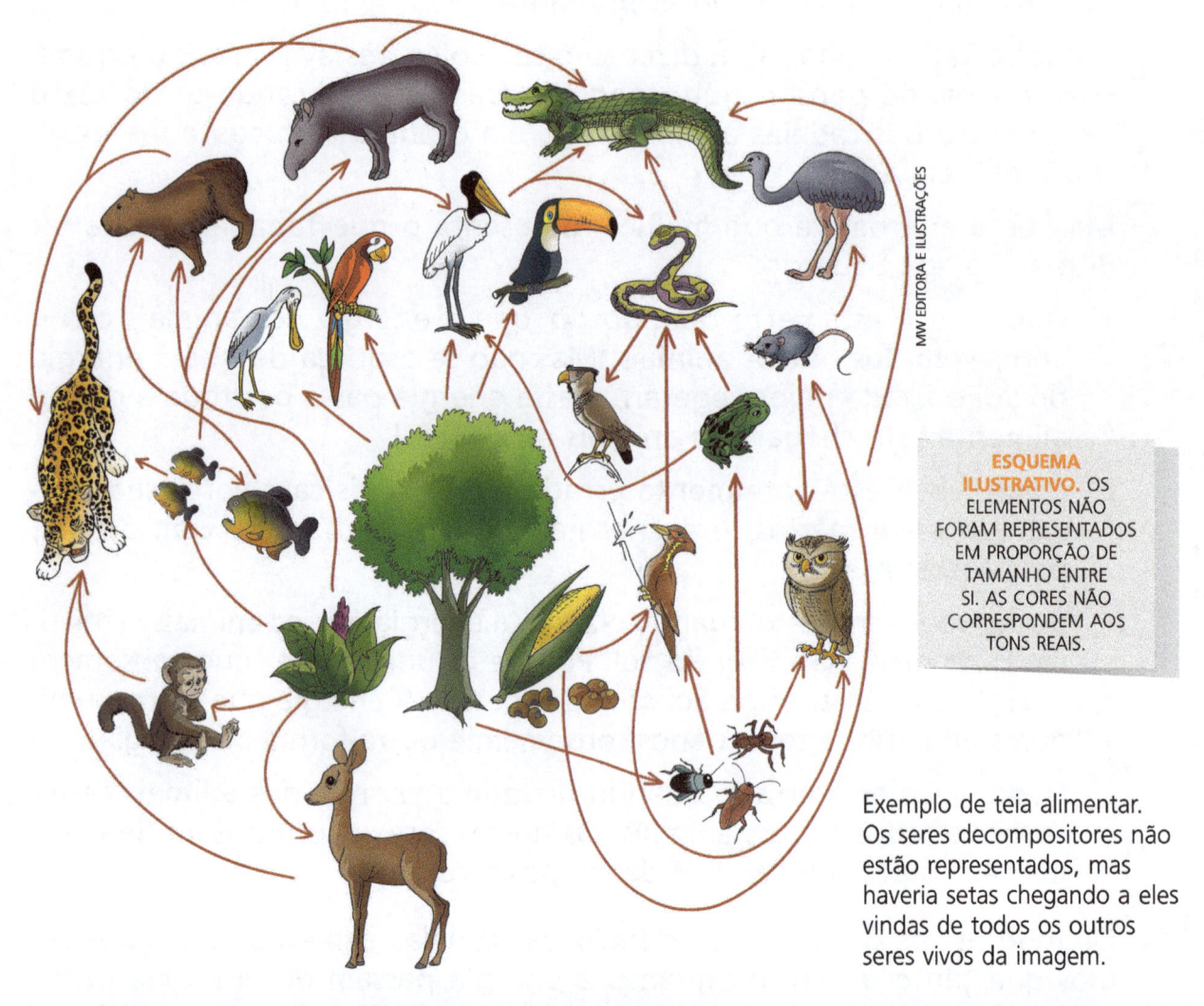

ESQUEMA ILUSTRATIVO. OS ELEMENTOS NÃO FORAM REPRESENTADOS EM PROPORÇÃO DE TAMANHO ENTRE SI. AS CORES NÃO CORRESPONDEM AOS TONS REAIS.

Exemplo de teia alimentar. Os seres decompositores não estão representados, mas haveria setas chegando a eles vindas de todos os outros seres vivos da imagem.

Um ser vivo pode fazer parte de uma ou mais cadeias alimentares, pois geralmente ele consome mais de um alimento. Desse modo, as cadeias alimentares se interligam, formando uma teia alimentar.

Na teia alimentar representada acima, a onça-pintada, por exemplo, alimenta-se de diversos animais, entre eles, capivaras, antas, macacos e peixes.

Todas as cadeias alimentares começam com um único ser produtor, mas uma teia alimentar pode ter vários produtores. Todos os seres vivos que fazem parte de uma teia alimentar são decompostos por fungos e bactérias quando morrem.

ATIVIDADES

1. Indique abaixo uma cadeia alimentar que componha a teia da página anterior. Escreva o nome dos seres vivos da cadeia, ligando-os por setas.

_____

_____

_____

_____

2. Leia a tira abaixo e responda.

a) Como você responderia à pergunta da garçonete?

b) Forme uma cadeia alimentar com os seres vivos da tira.

ACESSAR PARA... SE DIVERTIR

CONSTRUINDO A TEIA DOS BICHOS DE CASA

Seu professor vai acessar o *site* da Secretaria da Educação do Governo do Estado do Paraná. Disponível em: http://ftd.li/tuomi4 (acesso em: 31 mar. 2018). Na tela inicial, selecione "Ciências" e digite na busca "Construindo a teia dos bichos de casa". Você terá acesso às instruções para fazer um jogo sobre teia alimentar. Você e seus colegas poderão se divertir com ele e aprender mais sobre esse assunto.

UM PASSO A MAIS

ESQUEMA ILUSTRATIVO. OS ELEMENTOS NÃO FORAM REPRESENTADOS EM PROPORÇÃO DE TAMANHO ENTRE SI. AS CORES NÃO CORRESPONDEM AOS TONS REAIS.

1. Observe a imagem acima, que retrata um ambiente brasileiro.

   a) Nela vê-se uma variedade de tipos de seres produtores. Que seres são esses?

   _____

   b) Por que esses seres são classificados como produtores?

   _____

   c) Há a representação de algum ser consumidor nesta obra?

   _____

2. Veja a história em quadrinhos a seguir e faça o que se pede.

Uma semana depois...

a) Escreva o que aconteceu em cada uma das cenas. Você pode dar um nome para o personagem.

_____
_____
_____
_____
_____
_____
_____

b) Por que você acha que a grama ao redor do tapete se desenvolveu melhor?

_____
_____
_____

3. Faça uma lista dos seres vivos que habitam um ambiente natural próximo à sua escola. Em seguida, construa algumas cadeias alimentares que você imagina que ocorram no local.

63

UNIDADE 4
AS RELAÇÕES DOS SERES VIVOS ENTRE SI E COM O AMBIENTE

1. Observando a imagem do fundo do mar, é possível perceber a presença de seres vivos e de alguns componentes não vivos deste ambiente. Quais são eles? Como você descreveria esta paisagem?

2. Observe a imagem da floresta. Que seres vivos você observa? Que outros seres vivos podem fazer parte desse ambiente? Quais componentes não vivos você observa na imagem?

3. Que semelhanças e diferenças você percebe entre os dois ambientes?

Floresta nas margens de um rio.

Tartaruga-verde no Oceano Pacífico.

1,5 metro

VOCÊ VAI APRENDER SOBRE:
- Ecologia
- Hábitat
- Ecossistemas
- As relações dos seres vivos entre si

OS SERES VIVOS E O AMBIENTE

O QUE VOCÊ TEM PARA CONTAR?

Além de se relacionar com outros seres vivos, que relações você sabe que os seres vivos estabelecem com componentes não vivos do ambiente?

Na unidade anterior, você estudou cadeia alimentar e teia alimentar. Viu que elas têm início nos seres produtores, como as plantas, as quais servem de alimento para alguns animais, que podem servir de alimento para outros e assim por diante. Fechando o ciclo, entram os microrganismos decompositores, que decompõem os organismos mortos e restos de plantas e de animais.

Mas, além das relações alimentares, os seres vivos apresentam outros tipos de relações entre si e também com o ambiente em que vivem.

ECOLOGIA

A Ecologia é a área da Biologia que estuda as relações dos seres vivos entre si e com o ambiente. Ela surgiu há muitos e muitos anos, e seu nome é derivado da união de duas palavras gregas: *oikos*, que significa casa, e *logos*, que significa estudo. Portanto, ecologia significa "estudo da casa" dos seres vivos, isto é, estudo do lugar onde os seres vivos habitam.

Os profissionais da Ecologia realizam diversos estudos do ambiente e dos seres vivos, contribuindo para o conhecimento e a conservação da vida no planeta. Na fotografia, cientista estuda répteis e anfíbios em Caracaraí, Roraima, 2016.

ATIVIDADES

1. Pergunte para os adultos que moram na sua casa se eles sabem o que é Ecologia. Anote suas respostas.

_____

_____

_____

_____

2. Compare as respostas que você anotou com as de seus colegas. Elas foram muito diferentes?

_____

_____

3. Junto com o professor e os colegas, escolham a resposta mais completa e escreva-a abaixo.

_____

_____

_____

_____

4. Vocês acham que é importante estudar Ecologia? Por quê?

_____

_____

_____

_____

67

HÁBITAT

Hábitat é o local onde uma determinada espécie de seres vivos vive e se desenvolve. É no hábitat que o ser vivo encontra condições ideais para se reproduzir, se alimentar, se abrigar e sobreviver.

Quando uma espécie é levada para outro local, ou seja, para outro hábitat, ela pode não se adaptar e morrer. Ou se adaptar e se multiplicar rapidamente por não encontrar predadores naturais, podendo causar a destruição de espécies **nativas**.

Nativo: que nasceu no lugar.

O macaco-barrigudo vive nas árvores da floresta amazônica. Elas são o seu hábitat. Manaus, Amazonas, 2014.

1 metro

O hábitat dos pacus são os rios do Pantanal.

45 centímetros

ATIVIDADES

1. Por que quando cultivamos uma planta do litoral em uma cidade localizada em uma região de montanhas, em geral, ela não se desenvolve bem?

2. Na unidade anterior, nós lemos um texto informativo sobre o javali. Ele é um exemplo de espécie que foi retirada de seu hábitat? Por quê?

ECOSSISTEMAS

Todos os seres vivos interagem com outros seres vivos, semelhantes a eles ou não, e componentes não vivos, como água, solo, ar, luz e calor, de seu hábitat. O conjunto formado pelos seres vivos e componentes não vivos de um ambiente, incluindo as relações entre eles, chama-se ecossistema.

Rios, desertos, trechos de mata, pântanos, jardins e até mesmo uma planta são exemplos de ecossistemas. O que define o ecossistema não é seu tamanho, mas sim sua composição e a relação entre seus componentes.

Tanto a Mata Atlântica (A) como um jardim (B) são exemplos de ecossistemas. Nas fotografias: (A) Pica-pau-benedito-de-asa-amarela, na Mata Atlântica de Tapiraí, São Paulo, 2017; (B) Jardim dos Pinhais, Santo Antônio do Pinhal, São Paulo, 2016.

Em um ecossistema, os seres vivos influenciam e são influenciados pelos outros seres vivos que ali vivem, e pelas características dos componentes não vivos do ambiente. Por exemplo, formigas e cupins são capazes de provocar modificações nos solos.

Os cupins alteram os solos e formam os cupinzeiros, aglomerados de solo e outros resíduos. Pantanal, Mato Grosso, 2003.

Interferências nos ecossistemas, por atividades humanas, podem causar desequilíbrios. Por exemplo, quando há o desmatamento em uma determinada área da floresta, outros seres vivos que ali habitam, além das plantas, também podem sofrer consequências. Os animais que se alimentavam dessas plantas ficam sem alimento, os que ali se abrigavam ficam sem abrigo etc. Com isso, o número de indivíduos desses animais diminui, o que pode prejudicar outras espécies relacionadas a eles. Assim, o desmatamento influencia diversos seres vivos do ecossistema, que estão ligados direta ou indiretamente às plantas retiradas.

Desmatamento em uma floresta, que prejudica as relações entre os componentes de um ambiente. Cambará do Sul, Rio Grande do Sul, 2015.

ATIVIDADES

1. Identifique as frases incorretas e reescreva-as em seu caderno, corrigindo.
   a) Não há diferença entre ecossistema e hábitat.
   b) Seres vivos e componentes não vivos, como água, calor, luz, solo e ar, fazem parte de um ecossistema.
   c) Cada ser vivo tem o próprio hábitat.
   d) Em um ecossistema encontramos somente um tipo de hábitat.

2. Pense em um ecossistema próximo à sua escola. Em seu caderno, faça uma lista dos seres vivos e componentes não vivos que você lembrar que formam esse ecossistema.

3. Observe a foto abaixo.

Rodovia dos Imigrantes, na região do Parque Estadual da Serra do Mar, Cubatão, São Paulo, 2017.

- Podemos afirmar que o ecossistema terrestre mostrado nessa imagem sofreu interferência. Expliquem essa afirmação e apontem algumas consequências dessa interferência.

_____

_____

_____

_____

_____

#FICA A DICA

Um passeio na Floresta Amazônica, de Laurie Krebs. SM, 2015.

O livro conta a história de três crianças que passeiam pela Floresta Amazônica e conhecem plantas e animais desse ecossistema. Elas também aprendem sobre os povos amazônicos, como os ribeirinhos e alguns grupos indígenas.

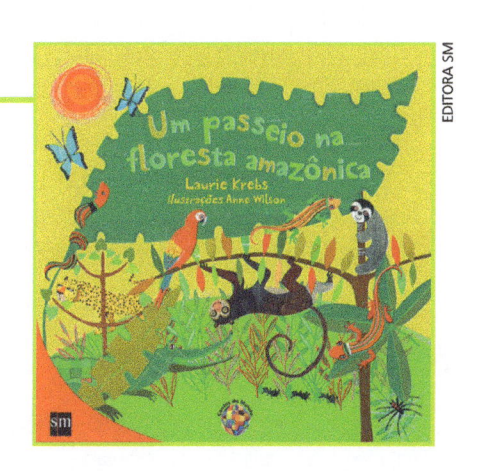

71

OFICINA

CONSTRUINDO UM TERRÁRIO

Nesta oficina você observará como alguns animais se relacionam com componentes não vivos do ambiente, como água, solo, luz solar e ar. Para isso, você e seus colegas construirão um terrário, com a ajuda de seu professor.

▼ MATERIAL

- 1 aquário com, aproximadamente, 20 cm de altura, 20 cm de profundidade e 40 cm de largura; ou 1 garrafão de vidro ou de plástico transparente, com a boca larga, com capacidade de 10 litros, aproximadamente.
- argila expandida (vendida em lojas especializadas)
- cascalho grosso ou pedrisco
- algumas sementes de feijão ou milho
- areia
- terra vegetal
- pá para jardinagem
- borrifador com água
- filme plástico
- fita-crepe
- régua
- alguns pares de luvas conforme o número de grupos de alunos
- tampa do tipo de um frasco de maionese

▼ COMO FAZER

Atenção Apenas manipule os animais que o professor autorizar e sempre utilize luvas.

1 Coloquem as luvas.

2 Em grupos, juntamente com o professor, coletem alguns animais no jardim da escola ou em outro ambiente natural do seu entorno. Por exemplo: tatuzinho-de-quintal, minhoca, grilo, gafanhoto, formiga.

3 Observem as plantas com que os animais estavam se relacionando e leve-as também, tirando-as, cuidadosamente, com a raiz.

4 Com a ajuda do professor e colegas distribuam, no fundo do recipiente, uma camada de argila expandida.

5 Coloquem o cascalho e depois a areia, formando uma camada de cerca de 2 centímetros e meio.

6 Coloquem uma camada de cerca de 4 cm de terra vegetal.

7 Plantem as mudas cuidadosamente para não quebrar a raiz, concentrando-as em certos pontos do recipiente.

8 Enterrem as sementes de feijão e de milho.

9 Coloquem galhos e pedriscos em uma pequena parte do aquário para que fique mais úmido e os animais possam se abrigar.

10 Cavem um espaço onde caiba a tampa que providenciaram e coloquem água.

ESQUEMA ILUSTRATIVO. OS ELEMENTOS NÃO FORAM REPRESENTADOS EM PROPORÇÃO DE TAMANHO ENTRE SI. AS CORES NÃO CORRESPONDEM AOS TONS REAIS.

11 Borrifem água.

12 Coloquem os animaizinhos.

13 Cubram o terrário com filme plástico e prendam com fita-crepe.

14 Coloquem o terrário em um local onde receba a luz solar.

15 Façam observações durante um mês. Anotem o que observarem em seu caderno.

Modelo de um terrário.

1. Qual é o único componente do ambiente externo que entra no terrário? Por que é importante que esse componente entre?

_____
_____
_____
_____

2. O que aconteceria aos animais caso retirássemos as plantas do terrário?

3. Podemos afirmar que o terrário é um ecossistema? Por quê?

73

AS RELAÇÕES ENTRE OS SERES VIVOS

> Que outras relações, além das alimentares, você imagina que os seres vivos têm entre si?

Todos os seres vivos relacionam-se uns com os outros de alguma forma. Isso pode ocorrer entre seres da mesma **espécie** ou não.

Espécie: grupo de indivíduos similares e que podem se reproduzir naturalmente. Um exemplo é a espécie humana.

RELAÇÕES ENTRE INDIVÍDUOS DE UMA MESMA ESPÉCIE

Seres vivos de uma mesma espécie se relacionam de diversas maneiras. Vejam alguns exemplos a seguir.

SOCIEDADE

É formada por indivíduos que cooperam entre si, dividindo trabalho. Cada um tem sua função. As formigas, os cupins, os seres humanos e as abelhas são exemplos de animais que vivem em sociedade.

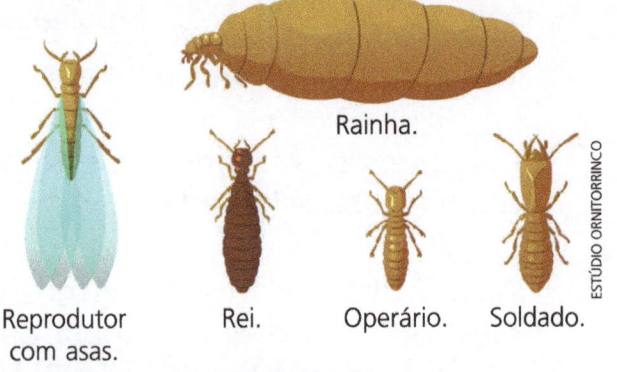

Reprodutor com asas. Rei. Rainha. Operário. Soldado.

Soldados em um cupinzeiro.

1,5 centímetro

Diferentes indivíduos que fazem parte da sociedade dos cupins. Os operários desempenham funções diversas, como coletar alimentos e cavar o solo; os soldados defendem o cupinzeiro; e reis e rainhas se reproduzem e podem apresentar asas em determinada fase da vida.

COLÔNIA

Ao contrário dos indivíduos que vivem em sociedade, uma colônia é formada por indivíduos unidos fisicamente uns aos outros. O corpo desses indivíduos pode ser semelhante ou diferente. Os corais são exemplos de colônia. Todos trabalham em conjunto para garantir alimento. Nas colônias nem sempre há divisão de tarefas.

Colônia de corais em vista superior.

COMPETIÇÃO

Indivíduos de uma mesma espécie podem competir entre si, ou seja, disputar um mesmo recurso. A competição acontece por água, alimento, abrigo e até por parceiros para reprodução.

Em muitas espécies, os machos brigam para conquistar a fêmea para reprodução.

Duas gaivotas disputando o mesmo alimento.

ACESSAR PARA... SE INFORMAR

FORMIGAS SAÚVAS

Seu professor vai acessar a página da internet indicada para que você assista a um vídeo sobre a vida das formigas saúvas.

Disponível em: <http://ftd.li/h86utp>. Acesso em: 1º abr. 2018.

Saúvas em um formigueiro.

- Após assistir ao vídeo, faça o que se pede.

a) Responda: Há semelhanças entre a vida das formigas e a dos cupins?

☐ Sim. ☐ Não.

b) Cite algumas semelhanças que você tenha observado.

_____
_____
_____

ATIVIDADES

1. Que tipo de relação será intensificada se a quantidade de seres vivos de uma determinada espécie aumentar muito e faltar alimento?

_____

2. Quais as semelhanças e as diferenças entre uma sociedade e uma colônia?

RELAÇÕES ENTRE INDIVÍDUOS DE ESPÉCIES DIFERENTES

Seres vivos de diferentes espécies também se relacionam de diversas maneiras. Veja alguns exemplos a seguir.

PREDAÇÃO

Indivíduos de uma espécie animal capturam indivíduos de outra espécie animal para se alimentar. Os capturados são chamados de presas e os que caçam, de predadores. Exemplo: o gavião é um predador ao caçar uma serpente, que é a presa.

Gavião (predador) com uma serpente (presa) no bico.

INQUILINISMO

Uma espécie se "hospeda" na outra, recebendo benefícios, sem prejudicá-la. As bromélias e as orquídeas vivem sobre os troncos de árvores que são seu suporte. Nos troncos, elas encontram proteção, alimento e maior quantidade de luz solar. As bromélias e as orquídeas são inquilinos, e a árvore é o hospedeiro.

Orquídeas (inquilinas) sobre o tronco de uma árvore (hospedeira).

PROTOCOOPERAÇÃO

Inclui duas espécies que têm condições de viver sozinhas, mas que se relacionam cooperativamente, trocando benefícios. Exemplo: os crocodilos convivem com os pássaros-palitos, que se alimentam dos restos de alimentos que ficam nos dentes deles, mantendo-os limpos.

Pássaro-palito se alimentando de restos de alimentos entre os dentes de um crocodilo.

PARASITISMO

É uma relação entre indivíduos em que um deles é beneficiado, o parasita, e o outro é prejudicado, no caso, o hospedeiro. O parasita se hospeda em um indivíduo para se alimentar à custa dele.

Os vírus, as bactérias e os vermes são alguns exemplos de parasitas. As lombrigas, por exemplo, são vermes parasitas que podem se hospedar no intestino humano.

Também existem plantas parasitas. O cipó-chumbo é um exemplo de parasita, pois retira nutrientes da planta hospedeira para garantir seu alimento, prejudicando-a.

Lombrigas, vermes que parasitam o intestino humano e causam a ascaridíase.

Cipó-chumbo (estruturas amareladas) parasitando uma árvore. São Paulo.

ATIVIDADES

1. Complete a tabela indicando o tipo de relação que está descrito em cada caso: parasitismo, protocooperação, inquilinismo ou predação.

Animal caça para comer.	Bactérias invadem o organismo humano.	Pássaro se alimenta de carrapato de um boi.	Bromélia sobre o tronco de uma árvore.

2. Observe a foto e leia o texto. Depois responda.

> Os caranguejos-eremitas carregam uma concha, com a qual protegem o seu corpo mole. É comum que sobre a concha existam anêmonas-do-mar, animais que vivem fixos a um substrato e apresentam tentáculos com substâncias tóxicas. Com isso, o caranguejo é protegido contra predadores e a anêmona é transportada para diferentes locais.

a) Que relação ecológica há entre o caranguejo e a anêmona? Por quê?

_____

_____

_____

b) Que tipo de relação há entre o caranguejo e seus predadores? Como o caranguejo é chamado nesse caso?

_____

_____

UM PASSO A MAIS

Tronco com bromélia.

1. Podemos dizer que nessa paisagem há um hábitat? Explique.

_____
_____
_____

2. Qual é a relação ecológica existente entre a árvore e a bromélia? Explique.

_____
_____

3. Nessa relação, como a bromélia é chamada? E a árvore?

_____

_____

4. O ser humano interfere na natureza, desmatando, poluindo o solo, o ar e a água, retirando excessivamente produtos que a natureza oferece etc. Que danos isso pode causar aos ecossistemas?

5. Desenhe algo que represente a frase do boxe.

ECOLOGIA É COISA SÉRIA!!!

UNIDADE 5
MISTURAS HOMOGÊNEAS E HETEROGÊNEAS

1. Você sabe o que a mancha escura no mar, próxima ao navio, representa? Se sim, você imagina quais as consequências dessa mancha para o ambiente?

2. Observe a imagem do baldinho azul. Podemos misturar água com areia de modo que a areia quase não apareça quando misturada? Por quê?

3. Sabemos que a água do mar é salgada. Por que não é possível ver o sal da água quando estamos nadando no mar?

VOCÊ VAI APRENDER SOBRE:
- Misturas homogêneas
- Misturas heterogêneas
- Separação de misturas

MISTURAS HOMOGÊNEAS – ÁGUA E AÇÚCAR

O QUE VOCÊ TEM PARA CONTAR?

Você sabia que as misturas estão ao nosso redor e fazem parte do nosso dia a dia? Você consegue pensar em exemplos de misturas do seu cotidiano?

O ar que respiramos e a água que consumimos são exemplos de misturas do nosso cotidiano. O ar é formado por gás oxigênio, gás carbônico e outros gases. Na água, estão dissolvidos sais minerais e gases.

Na natureza existem substâncias que podem se misturar e se dissolver em outras. Esse tipo de mistura é chamado de mistura homogênea; nela não é possível distinguir as duas substâncias que foram misturadas.

Quando misturamos leite e um pouco de achocolatado dentro de um copo, podemos ver que o achocolatado se dissolve no leite, pois o leite muda de cor. Além disso, no caso do leite com achocolatado, podemos levar a mistura à boca e sentir seu sabor.

O mesmo acontece com a água. Existem diversas substâncias que se dissolvem na água. Algumas dessas substâncias modificam a cor da água quando dissolvidas nela, outras não alteram sua cor quando misturadas. É o que acontece quando misturamos água e um pouco de sal, e água e um pouco de açúcar, por exemplo.

Quando misturamos uma pequena quantidade de açúcar na água, ele se dissolve e a água permanece incolor.

Quando misturamos achocolatado em pó com leite, ele se dissolve e a cor do leite é alterada.

Como você viu, o ar também é um exemplo de mistura homogênea. O ar é composto da mistura de vários gases. O principal componente é o gás nitrogênio: ele corresponde a mais da metade do ar que respiramos. Existe, também, o gás oxigênio, indispensável à nossa sobrevivência, e pequenas quantidades de outros gases, como vapor de água, gás carbônico, gás metano, entre outros.

MISTURAS HETEROGÊNEAS – ÁGUA E ÓLEO

> Você sabe o que acontecerá se colocar um pouco de óleo em um copo de água?

Na natureza e no nosso dia a dia, existem substâncias que não se misturam completamente. Nesses casos, a mistura apresenta mais de uma fase, ou seja, é possível reconhecer as substâncias misturadas.

Esse tipo de mistura é chamado de mistura heterogênea.

Se misturarmos, por exemplo, água e areia em um mesmo recipiente, é possível identificar a água e a areia. O mesmo acontece quando misturamos água e óleo. Essas substâncias também não se misturam completamente. O óleo ficará por cima da água; essa mistura, portanto, apresenta duas fases.

Algumas substâncias podem se dissolver em determinados líquidos, outras não. Assim, podemos dizer que as substâncias têm níveis de solubilidade diferentes. Por exemplo: o sal mistura-se bem à água; portanto, ele é considerado solúvel em água. O café é considerado pouco solúvel em água, pois se mistura pouco a ela. A areia é insolúvel em água, pois não se mistura com ela.

Mistura heterogênea de água, areia e óleo. Observe as três fases que são formadas.

ATIVIDADES

1. Observe as imagens a seguir e escreva a letra correspondente ao tipo de mistura que elas representam:

    (A) Mistura homogênea.   (B) Mistura heterogênea.

    Sumo de laranja e água.

    Grãos diversos.

    Álcool e água.

    Azeite e água.

    Terra e água.

2. Para o lanche da tarde, Milena colocou uma colher de achocolatado em um copo com leite frio e mexeu a mistura com uma colher. Veja o que aconteceu.

JÁ MEXI TANTO O ACHOCOLATADO COM A COLHER! POR QUE ELE NÃO SE MISTURA COMPLETAMENTE AO LEITE?

a) Considerando o que Milena está dizendo, o que você diria sobre a solubilidade do achocolatado em pó no leite frio?

_____
_____
_____
_____

b) O que você diria para Milena fazer para resolver esse problema?

_____
_____

3. Observe a foto da rocha abaixo.

- Na sua opinião, esta rocha representa uma mistura? Por quê?

_____
_____
_____

INVESTIGANDO E EXPERIMENTANDO

PREPARANDO MISTURAS

Agora você vai colocar em prática os conhecimentos adquiridos até este momento sobre as misturas homogêneas e as misturas heterogêneas. Mãos à obra!

▼ MATERIAL

- areia
- água
- café em pó
- canela em pó
- sal
- talco
- etiquetas adesivas
- lápis
- 1 colher (de chá)
- 5 copos descartáveis
- 5 palitos de sorvete

▼ COMO FAZER

1 Identifique todos os copos com etiquetas adesivas, escrevendo nelas o conteúdo que cada um terá (areia, café em pó, canela em pó, sal e talco).

2 Coloque uma colher (de chá) de cada material (sal, café em pó, areia, canela em pó e talco) nos copos, de acordo com a identificação das etiquetas.

| sal | café em pó | areia | canela em pó | talco |

87

◤ FORMULANDO HIPÓTESES

1. Antes de realizar o experimento, o que você acha que acontecerá ao adicionarmos água nos copos com as diferentes substâncias e misturarmos o conteúdo de cada um deles com um palito de sorvete?

   Areia: _____

   Café em pó: _____

   Canela em pó: _____

   Sal: _____

   Talco: _____

2. Qual ou quais materiais você acha que irá dissolver completamente na água? Você acha que há um limite de quantidade a partir do qual ele ou eles não dissolvem mais?

3. Como ficarão as misturas em que as substâncias não serão dissolvidas na água?

◤ RESULTADOS

1. Adicione água até a metade de cada copo e misture o conteúdo com os palitos de sorvete. Utilize um palito para cada copo. Faça um X no quadro, de acordo com os resultados observados.

SOLUBILIDADE NA ÁGUA / MATERIAL	SOLÚVEL	POUCO SOLÚVEL	INSOLÚVEL
Areia			
Café em pó			
Canela em pó			
Sal			
Talco			

2. Agora, coloque mais dez colheres (de chá) de sal no copo contendo a mistura de água e sal. Misture com o palito de sorvete. O que aconteceu com a nova mistura de água e sal?

_____

_____

_____

_____

_____

_____

▼ CONCLUSÕES

1. Depois de feitas as observações, complete, em seu caderno, o texto a seguir com as palavras adequadas.

Concluí que cada material do experimento apresenta um nível de _____. O sal é _____ na água. O _____, a _____ e o _____ são pouco solúveis na água. A areia é _____ na água.

2. Reveja suas anotações e, com a ajuda do professor e dos colegas, produza um texto coletivo, que será o relatório do experimento. Copie-o a seguir.

_____

_____

_____

_____

_____

_____

LER PARA... CONHECER

A MISTURA DO BEM!

Se uma pessoa ficar doente e apresentar como sintomas diarreia ou vômito, ela perderá muitos líquidos. Com isso, perderá também sais minerais importantes. Caso essa pessoa não se hidratar, ou seja, não repuser os líquidos perdidos, ela poderá ficar seriamente doente. Alimentos como sopas, frutas, chás e sucos ajudam, mas, em casos de emergência, é preciso uma hidratação rápida. Isso pode ser feito com soro caseiro. Veja a seguir como fazer o soro caseiro:

> Adicione em um litro de água (mineral, filtrada ou fervida) uma colher pequena (de café) de sal e uma colher grande (de sopa) de açúcar. Misture bem.

Atenção Não faça e não tome remédios sem a supervisão de um adulto responsável.

O ideal é beber o soro caseiro aos poucos, ao longo do dia.

O soro deve ser ofertado ao doente aos poucos, após cada evacuação ou vômito, podendo ser utilizado por até 24 horas após o preparo.

Nesses casos, mesmo tomando o soro, a pessoa deve consultar um profissional da saúde o mais rápido possível.

1. Você já precisou tomar soro caseiro? Por quê?

2. O soro caseiro é uma mistura homogênea ou heterogênea? Por quê?

ATIVIDADES

1. Observe um adulto preparando uma refeição em sua casa. Em seguida, escreva abaixo alguns exemplos de mistura que foram feitas. Descreva tudo que for usado e o aspecto da mistura.

   _____
   _____
   _____
   _____
   _____

2. Observe a imagem e leia o texto, depois responda à questão.

   30 centímetros

   As aves aquáticas, como os patos, costumam passar frequentemente o bico entre as penas. Com isso, elas espalham nas penas uma substância oleosa, que é produzida por glândulas na região da cauda.

   - Pense no que você estudou e explique qual é a importância desse comportamento para as aves aquáticas?

   _____
   _____
   _____
   _____

OFICINA

O QUE VAI ACONTECER COM ESSA MISTURA?

Você viu que água e óleo não se misturam. Mas, e se adicionarmos um pouco de detergente nessa mistura, o que acontecerá? Vamos verificar nesta atividade.

▼ MATERIAL

- 2 garrafas PET de 500 mL transparentes
- 2 copos de água
- 2 colheres (sopa) de óleo
- 10 gotas de detergente

▼ COMO FAZER

1. Pegue as duas garrafas PET de 500 mL e coloque um copo de água e uma colher (de sopa) de óleo dentro de cada uma.

2. Tampe as garrafas, agite-as, deixe em repouso por cinco minutos, e verifique o que aconteceu.

3. Em uma das garrafas PET, coloque as gotas de detergente. Agite a garrafa novamente, e deixe cinco minutos em repouso.

4. Compare o conteúdo das duas garrafas.

5. Complete o quadro abaixo com o que ocorreu em cada garrafa. No caderno, desenhe o que você observou.

ÁGUA + ÓLEO	ÁGUA + ÓLEO + DETERGENTE

- Converse com seus colegas e o professor e a partir do que você observou tente explicar por que as pessoas utilizam detergente para lavar louças. Explique na sua casa para seus familiares como o detergente funciona e por que usar apenas água não é suficiente.

SEPARANDO MISTURAS

> Você sabe de onde vem o sal que utilizamos para cozinhar?

Você aprendeu que diversas substâncias do nosso dia a dia podem formar misturas. Mas você sabe como as substâncias podem ser separadas de uma mistura?

Frequentemente é necessário separar os componentes de uma mistura. Há diversas razões para isso: para obter as substâncias presentes nela, para utilizar as substâncias no dia a dia ou simplesmente para identificar quais compõem uma mistura. Existem vários métodos para separar as misturas. Vamos estudar alguns deles.

CATAÇÃO

Método utilizado para separar materiais sólidos de uma mistura heterogênea. Por exemplo, quando separamos os grãos bons dos grãos ruins do feijão ou do arroz, estamos realizando um processo de catação.

A separação dos grãos do feijão, antes de cozinhá-los, é um processo de catação.

FILTRAÇÃO

É o processo usado para separar misturas heterogêneas, formadas por substâncias sólidas e líquidas ou por substâncias sólidas e gasosas. Um exemplo de processo de filtração é a preparação de café. O coador de pano ou o filtro de papel retém o pó de café não dissolvido na água.

Sempre que utilizamos um filtro para separar materiais sólidos de líquidos estamos fazendo uma filtração.

DECANTAÇÃO

Esse processo é usado para separar misturas heterogêneas de substâncias líquidas e sólidas ou de duas ou mais substâncias líquidas. Ao deixar esta mistura em repouso por certo tempo, uma das substâncias se acumula no fundo do recipiente, enquanto a outra fica acima, podendo ser separada. É o que ocorre, por exemplo, com a mistura de água e areia ou água e barro.

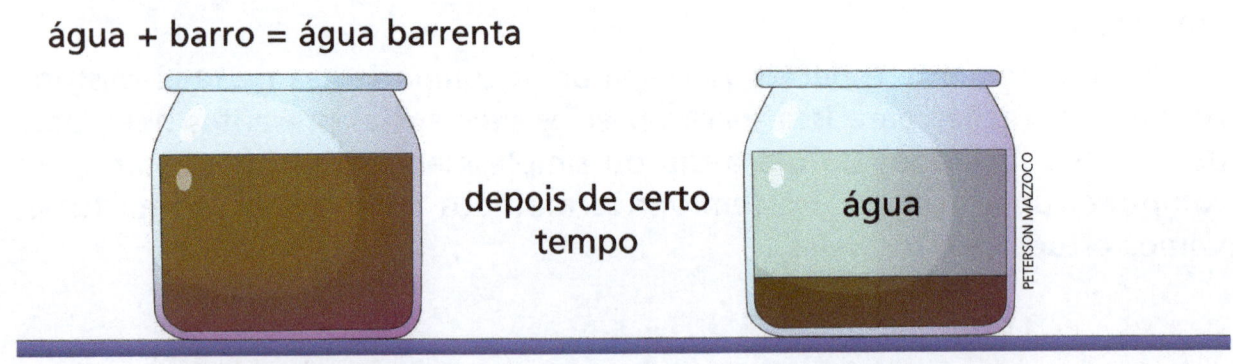

água + barro = água barrenta

No processo de decantação podemos observar o acúmulo do barro no fundo do recipiente.

EVAPORAÇÃO

A evaporação corresponde à mudança do estado líquido para o estado gasoso. Portanto, o processo de evaporação pode ser utilizado para separar substâncias de misturas de sólido com líquido ou misturas de líquido com líquido. A mistura pode ser homogênea ou heterogênea.

O sal de cozinha, por exemplo, pode ser obtido a partir da evaporação da água do mar. Grandes quantidades de água do mar são colocadas em tanques rasos. Quando a água evapora, resta, nos tanques, o sal. Esse sal ainda não está pronto para ir à mesa. Ele passará por outros processos, como o de limpeza.

Salina em Chaval, Ceará, 2016.

#FICA A DICA

De onde vem o sal? TV Escola. (3min36s)

Disponível em: <http://ftd.li/hiscn3>. Acesso em: 1º abr. 2018.

Neste vídeo, Kika descobre de onde vem o sal que ela usa para temperar sua pipoca.

ATIVIDADES

1. Ligue as misturas ao tipo de separação que seria mais eficiente em cada caso.

Água e sal		Catação
Água e areia		Filtração
Água e pó de café		Evaporação
Feijão e lentilha		Decantação

2. Complete o texto adequadamente:

No processo de _____ usam-se telas que deixarão o líquido passar e o material sólido ficará preso nas telas. Já no processo de _____, os sólidos se depositarão no fundo do reservatório, por ação da gravidade, e o líquido ficará por cima.

LER PARA... DESCOBRIR

SEPARANDO O POLVILHO

Uma certa dose de mistério sempre cai bem. Na culinária brasileira, o polvilho ainda é um personagem muito pouco conhecido e ainda menos valorizado pelos seus inúmeros usos e virtudes. Essa história, porém, vem ganhando novos desdobramentos conforme a mandioca cai nas graças de nutricionistas e chefs.

Eles estão juntos na atual onda de resgate das tradições do comer brasileiro. [...]

[...] O que é e de onde vem o polvilho? Se pensou em farinha, errou. Acertou se pensou em mandioca.

A história do polvilho tem início na plantação e extração da mandioca, o mais brasileiro dos alimentos. A raiz já era cultivada pelos índios antes dos primeiros portugueses chegarem, em 1500.

Para fazer o polvilho, a mandioca é amassada até virar uma goma [...], que é desidratada até virar o pó branco. A farinha é mais simples: basta triturar a mandioca. [...]

Indígena barasano carregando mandiocas colhidas da plantação, em Manaus, Amazonas, 2014.

Indígena kalapalo preparando o polvilho para o beiju, um prato típico. Parque Indígena do Xingu, Mato Grosso, 2011.

Sua faceta mais conhecida é o biscoito de polvilho, que existe pelo menos desde o século 18, quando era servido pelas cozinheiras negras aos senhores das fazendas mineiras [...].

Mais tarde, foi popularizado em escala industrial, vendido em saquinhos em padarias ou restaurantes de estrada, e também ficou conhecido como "biscoito de vento" ou "biscoito voador".

Em todo lugar

A presença do polvilho em outras receitas do menu nacional é mais oculta, mas também está lá. Não existe pão de queijo sem polvilho, nem o sequilho, aquele biscoitinho doce, por exemplo. Ele está ainda no revestimento do amendoim japonês e serve como espessante de papinhas de bebê. E também na tapioca, no cuscuz nordestino e no beiju vendido nos faróis. E ainda entra na farmácia, em cápsulas de remédios e talcos.

Tapioca sendo preparada.

[...]

Lina de Albuquerque. Polvilho: de ingrediente menor a verbo nobre, conjugado por *chefs* como Claude Troisgros. **Folha de S. Paulo**, 27 out. 2013. Disponível em: <http://www1.folha.uol.com.br/serafina/2013/11/1361742-polvilho-de-ingrediente-menor-a-verbo-nobre-conjugado-por-chefs-como-claude-troisgros.shtml>. Acesso em: 1º abr. 2018.

1. Você conhece o polvilho? Em caso positivo, descreva qual é o seu aspecto e para o que você já viu ele ser utilizado.

2. A partir de que o polvilho e a farinha de mandioca são feitos?

3. Grife no texto o trecho que explica como o polvilho e a farinha de mandioca são feitos.

4. No processo de produção do polvilho, a goma da tapioca pode ser deixada exposta ao sol, para desidratar.

    a) Procure em um dicionário o significado de desidratar e copie-o abaixo.

    b) Este processo é um exemplo de que tipo de separação de mistura?

97

UM PASSO A MAIS

Mar manchado de óleo. Califórnia, Estados Unidos, 2015.

1. Por que o óleo dos navios petroleiros, quando derramado no mar, fica visível na água?

_____
_____
_____

2. Uma das etapas do tratamento da água envolve a passagem através de aberturas muito pequenas. Qual é o processo de separação de misturas utilizado, quando alguém prepara um café? Que substâncias estão sendo separadas?

_____
_____

3. Como o sal utilizado na cozinha é retirado da água do mar?

_____
_____
_____

4. A maioria dos materiais que conhecemos são misturas. Outros, por outro lado, são substâncias puras. A água que bebemos, por exemplo, não é uma substância pura. A água é uma substância composta por sais minerais e gases.

a) Procure, com a ajuda de familiares, exemplos de misturas em sua casa.

_____
_____
_____
_____
_____

b) Quais destas eram misturas homogêneas e quais eram heterogêneas?

_____
_____
_____
_____
_____

UNIDADE 6
MUDANÇAS DE ESTADO FÍSICO

1. O que as fotos dentro dos círculos mostram?

2. Elas têm algo em comum?

VOCÊ VAI APRENDER SOBRE:
- Os estados físicos da matéria
- Os estados físicos da água
- Mudanças dos estados físicos da água
- Mudanças dos estados físicos de outras substâncias

OS ESTADOS FÍSICOS DA MATÉRIA

O QUE VOCÊ TEM PARA CONTAR?

Você sabe o que acontece quando seguramos uma pedra de gelo na mão por algum tempo? E você já observou o que acontece quando fervemos água? Quando congelamos um alimento e depois o descongelamos, ele fica como era antes de ter sido congelado? Provavelmente, você já deve ter vivenciado algumas dessas situações em sua vida. Conte para seu professor e seus colegas suas observações e suas ideias de por que elas ocorrem.

As substâncias e os materiais, ao nosso redor, podem se apresentar principalmente em três estados físicos: sólido, líquido e gasoso.

As substâncias sólidas apresentam forma e **volume** definidos. Já os líquidos apresentam forma variável (do recipiente em que são colocados), mas volume definido. Os gases apresentam forma e volume variáveis, assumindo a forma e o volume do recipiente em que são colocados.

Volume: característica relacionada ao espaço que a matéria ocupa.

O suco é um líquido, e fica com a forma da jarra.

Estes brinquedos são sólidos, eles mantêm sempre a mesma forma, independendo do recipiente em que são colocados.

OS ESTADOS FÍSICOS DA ÁGUA

A água é encontrada no planeta Terra nos três estados físicos: sólido, líquido e gasoso. Observe as figuras abaixo. O que elas mostram? Por que o último retângulo encontra-se em branco?

As figuras mostram exemplos da água nos três estados físicos: o gelo no estado sólido, a água que sai da torneira no estado líquido e o vapor de água, que não é visível e apresenta-se no estado gasoso.

ÁGUA NO ESTADO SÓLIDO

A água que se encontra em lugares muito frios, como nas regiões polares ou no pico das montanhas, pode apresentar-se no estado sólido, isto é, na forma de gelo ou neve.

Como vimos, no estado sólido, os materiais possuem forma e volume definidos. Assim, para mudar a forma do gelo é preciso antes derretê-lo.

Paisagem com neve nas montanhas e gelo na superfície do lago.

103

ÁGUA NO ESTADO LÍQUIDO

A maior parte da água existente no planeta encontra-se no estado líquido, formando os oceanos, os rios e os lagos, por exemplo.

No estado líquido, a água assume a forma do recipiente onde está contida. Por exemplo, a água que está no copo tem a forma do copo. A água contida na garrafa tem a forma da garrafa. A água que corre no rio, se for colocada num balde, ficará com a forma do balde.

A água que forma as nuvens ou que se adere ao espelho do banheiro após um banho quente também é a água no estado líquido, na forma de gotículas.

A água líquida assume o formato do copo, mas mantém o seu volume.

Gotículas de água deixam espelhos e vidros embaçados após um banho quente.

ÁGUA NO ESTADO GASOSO

A água no estado gasoso é denominada vapor de água e está presente no ar atmosférico, sendo invisível. O vapor de água se comporta como um gás, assumindo a forma e o volume do recipiente em que for colocado.

ATIVIDADES

1. Escreva um exemplo de onde a água em cada estado físico pode ser encontrada.

   a) Sólido: _____.

   b) Líquido: _____.

   c) Gasoso: _____.

2. Complete os espaços do parágrafo a seguir, caracterizando os estados físicos da matéria.

   A água no estado sólido possui forma e volume _____. No estado _____, a água possui forma indefinida e volume definido. O vapor de água apresenta forma e volume _____.

3. O mel é um líquido ou um sólido? Justifique sua resposta com base em suas características.

_____
_____
_____
_____

LER PARA... AMPLIAR

ÁGUA, UM RECURSO AMEAÇADO

A água é um recurso natural essencial para a sobrevivência de todas as espécies que habitam a Terra. [...] É impossível imaginar como seria o nosso dia a dia sem ela.

Os alimentos que ingerimos dependem diretamente da água para a sua produção. Necessitamos da água também para a higiene pessoal, para lavar roupas e utensílios e para a manutenção da limpeza de nossas habitações. Ela é essencial na produção de energia elétrica, na limpeza das cidades, na construção de obras, no combate a incêndios e na irrigação de jardins, entre outros. As indústrias utilizam grandes quantidades de água, seja como matéria-prima, seja na remoção de impurezas, na geração de vapor e na refrigeração. Dentre todas as nossas atividades, porém, é a agricultura aquela que mais consome água [...].

Irrigação de cultivo agrícola. Cotia, SP, 2017.

A ameaça da falta de água, em níveis que podem até mesmo inviabilizar a nossa existência, pode parecer exagero, mas não é. Os efeitos na qualidade e na quantidade da água disponível, relacionados com o rápido crescimento da população mundial e com a concentração dessa população em megalópoles, já são evidentes em várias partes do mundo. [...]

Mesmo países que dispõem de recursos hídricos abundantes, como o Brasil, não estão livres da ameaça de uma crise. A disponibilidade varia muito de uma região para outra. Além disso, nossas reservas de água potável estão diminuindo. Entre as principais causas da diminuição da água potável estão o crescente aumento do consumo, o desperdício e a poluição das águas superficiais e subterrâneas por esgotos domésticos e resíduos tóxicos provenientes da indústria e da agricultura. [...]

O Brasil abriga grande parte da água do mundo, principalmente na região amazônica.

Megalópole: região urbana de grande extensão e concentração de pessoas.

Potável: que pode ser consumida.

BRASIL. Ministério do Meio Ambiente. Água. In: BRASIL. Ministério do Meio Ambiente. **Consumo sustentável**: manual de educação. Brasília, DF: Consumers International, 2005. p. 25-40. Disponível em: <http://www.mma.gov.br/estruturas/sedr_proecotur/_publicacao/140_publicacao09062009025910.pdf>. Acesso em: 1º abr. 2018.

1. De acordo com o texto, qual é o tipo de atividade que mais consome água?

    ☐ Doméstica.   ☐ Industrial.   ☐ Agrícola.

2. O gráfico compara a quantidade de água consumida por cada uma das atividades citadas na questão anterior. Qual parte do gráfico (A, B ou C) corresponde à atividade que você assinalou? Por quê?

    _____

    _____

RELAÇÃO ENTRE O USO DE ÁGUA DE TRÊS ATIVIDADES HUMANAS

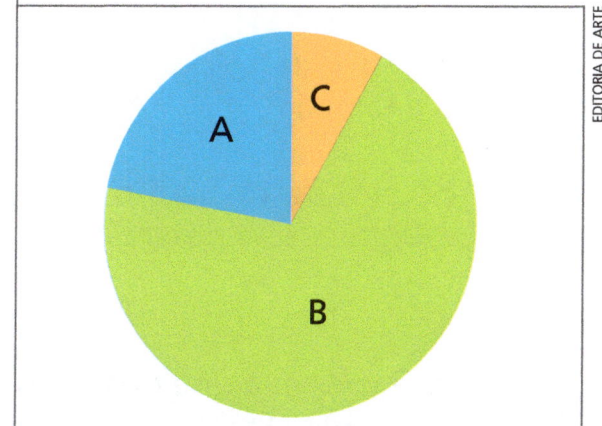

3. Proponha medidas para promover a conservação da água potável do planeta.

107

INVESTIGANDO E EXPERIMENTANDO

A TEMPERATURA E OS ESTADOS FÍSICOS

Nesta atividade vamos verificar como a temperatura influencia o estado físico de diferentes substâncias.

▼ MATERIAL

- manteiga
- sal
- 4 sacos plásticos com fecho **hermético** e resistentes à variação de temperatura
- canetinha
- caixa térmica com tampa contendo água aquecida (será fornecida pelo professor)
- caixa térmica com tampa contendo gelo

Hermético: completamente fechado, sem que haja entrada ou saída de ar.

▼ COMO FAZER

1 Distribua a manteiga em dois sacos e o sal nos outros dois. Identificar os sacos.

2 O professor irá colocar um saco de cada amostra dentro da caixa com água aquecida e tampar.

Atenção. Cuidado ao manipular a caixa com a água aquecida, pois, mesmo que ela não esteja muito quente, pode causar acidentes.

3 O professor irá colocar um saco de cada amostra dentro da caixa com gelo e tampar.

4 Após cerca de 15 minutos, observe os produtos dos sacos das duas caixas. Anote o que observar.

▼ FORMULANDO HIPÓTESES

- O que você imagina que acontecerá com a manteiga e com o sal após esse tempo? Acontecerá a mesma coisa nas duas caixas?

◤ RESULTADOS

Complete a tabela abaixo com o estado físico das substâncias testadas nas diferentes situações e outras observações que fizer.

AMOSTRAS	ANTES DO EXPERIMENTO	APÓS RETIRAR DA CAIXA COM ÁGUA AQUECIDA	APÓS RETIRAR DA CAIXA COM GELO	OUTRAS OBSERVAÇÕES
Manteiga				
Sal				

◤ CONCLUSÕES

1. Que característica do ambiente foi alterada na caixa com gelo e na caixa com água aquecida?

_____
_____

2. Tanto a manteiga como o sal reagiram da mesma forma nesse experimento? O que variou?

_____
_____
_____
_____

3. As mudanças que ocorreram podem ser revertidas?

_____
_____
_____
_____

MUDANÇAS DE ESTADO FÍSICO DA MATÉRIA

> O que faz com que a água mude de estado físico?

A variação de temperatura pode alterar o estado físico dos materiais. Quando um material no estado sólido é aquecido, isto é, recebe calor, ele muda do estado sólido para o estado líquido. Se ele continuar sendo aquecido, atingirá uma temperatura em que o líquido passará para o estado gasoso.

Nas mudanças de estado físico, o material continua o mesmo e, portanto, pode voltar a ter o estado inicial, se for resfriado ou aquecido. Por exemplo, a manteiga continua sendo manteiga no estado sólido ou no estado líquido.

MUDANÇAS DE ESTADO FÍSICO DA ÁGUA

Já vimos exemplos da água nos três estados físicos; agora vamos ver como ela passa de um estado para outro.

VAPORIZAÇÃO

A vaporização consiste na passagem da água do estado líquido para o estado gasoso. A vaporização pode ocorrer de dois modos: pela ebulição ou pela evaporação.

A ebulição da água ocorre quando a água ferve, formando bolhas.

A evaporação, por outro lado, ocorre de forma mais lenta e sem formação de bolhas. É o que podemos observar quando a roupa seca no varal, à temperatura ambiente, por exemplo.

Nesse caso a água líquida se transforma em vapor de água por ebulição.

As roupas secam, pois a água líquida se transforma em vapor de água por evaporação.

CONDENSAÇÃO

A passagem do vapor de água para água líquida é chamada condensação. Esse processo faz parte de nosso cotidiano e pode ser observado em diversas situações.

Um exemplo comum deste fenômeno é o aparecimento de pequenas gotas no exterior de uma garrafa de suco gelado quando esta é retirada da geladeira. Nesse caso, o vapor de água presente no ar, que não é visível, condensa-se ao entrar em contato com a superfície fria da garrafa, formando as gotículas, que são visíveis.

Outro exemplo bastante corriqueiro é o da água em uma panela que, ao ferver, passa para o estado gasoso. Se a panela estiver tampada, o vapor de água encontrará a superfície mais fria da tampa e voltará ao estado líquido.

O vapor de água passa para o estado líquido quando encosta na tampa da panela, geralmente mais fria.

ATIVIDADE

- Observe a imagem, leia o texto e responda.

Choveu e a temperatura externa baixou. O vapor de água presente no ar, de dentro da sala, ao encontrar a vidraça mais fria, passou para qual estado físico? Qual é o nome dessa transformação?

SOLIDIFICAÇÃO

Quando a água líquida é resfriada a temperaturas muito baixas, como, por exemplo, do *freezer* ou do congelador, ela se transforma em gelo. A essa passagem da água do estado líquido para o estado sólido dá-se o nome de solidificação.

A água de rios e lagos localizados em locais onde a temperatura chega a valores muito baixos pode congelar. É o que ocorre em países como Canadá, Estados Unidos, Índia, entre outros.

Em lugares muito frios, a água de rios e lagos pode congelar. Índia, 2013.

FUSÃO

Se um cubo de gelo é aquecido, por exemplo, se for deixado por um tempo fora do congelador ou do *freezer*, ele derrete, ou seja, passa do estado sólido para o estado líquido. O fenômeno da passagem da água do estado sólido para o estado líquido chama-se fusão.

Gelo derretendo, exemplo de fusão.

ATIVIDADES

1. As setas na ilustração mostram a mudança da água de um estado físico para outro. Escreva o nome de cada mudança de estado físico, bem como o que ocorreu em cada etapa, conforme a indicação do número.

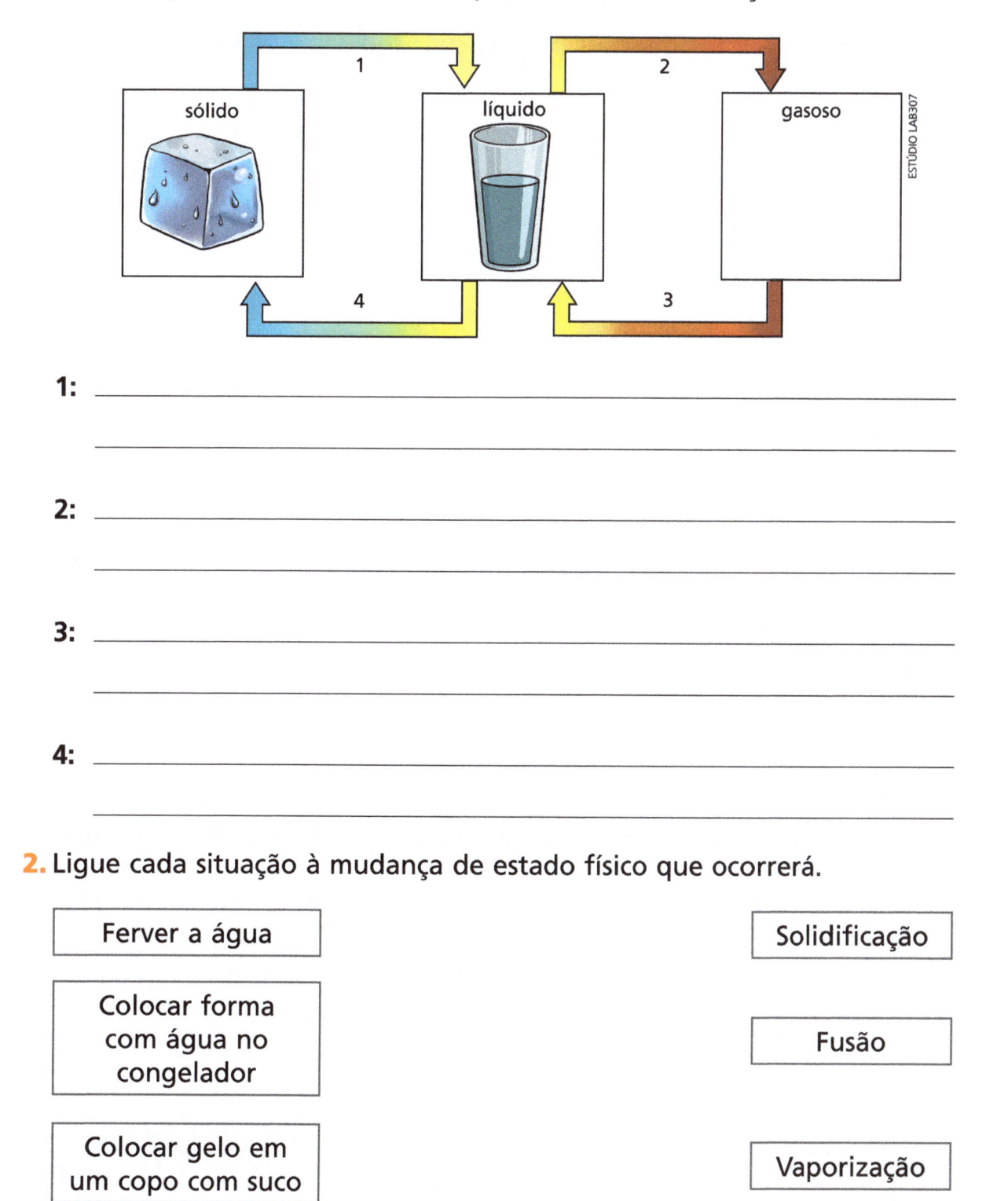

1: _____

2: _____

3: _____

4: _____

2. Ligue cada situação à mudança de estado físico que ocorrerá.

Ferver a água		Solidificação
Colocar forma com água no congelador		Fusão
Colocar gelo em um copo com suco		Vaporização

113

3. Leia o texto e faça o que se pede.

Vimos que aquecer ou resfriar a água pode causar mudança de estado físico, que pode ser reversível; por exemplo, a água líquida que virou gelo, ao ser resfriada, pode voltar ao estado líquido quando for aquecida. Porém, isso não ocorre para todas as substâncias, pois algumas mudanças não podem ser revertidas.

a) Observe as imagens abaixo e circule aquelas que **não** são reversíveis.

b) Explique por que você decidiu circular essas imagens.

_____
_____
_____
_____

4. Leia o texto.

Manuela estava em um piquenique com sua família em um parque. Ela derramou um pouco de água na toalha de mesa que eles estenderam no chão. Depois de comer e brincar, quando Manuela foi recolher a toalha, ela notou que já não estava mais molhada, mesmo sem ninguém ter feito nada. Ela ficou então se perguntando para onde teria ido aquela água.

- Explique a Manuela o que deve ter acontecido.

_____
_____
_____

MUDANÇAS DE ESTADO FÍSICO DE OUTRAS SUBSTÂNCIAS

Não é apenas a água que possui os estados sólido, líquido e gasoso. Praticamente todas as substâncias podem ser observadas em qualquer um desses estados. Para isso, algumas substâncias precisam ser aquecidas a altas temperaturas ou resfriadas a temperaturas muito baixas.

O ferro, por exemplo, é geralmente encontrado no estado sólido. Seu ponto de fusão, ou seja, a temperatura em que passa do estado sólido para o estado líquido, é muito alto, cerca de cem vezes maior que a temperatura média do planeta Terra. Esta temperatura pode ser alcançada nos fornos das siderúrgicas. A temperatura em que o ferro passa do estado líquido para o estado gasoso é ainda mais alta. Isso significa que é bastante difícil conseguir vapor de ferro.

Outros materiais como o ouro e a prata também se tornam líquidos apenas a temperaturas muito altas.

Nas indústrias siderúrgicas os materiais atingem altas temperaturas.

ATIVIDADE

- Que outros materiais você conhece que precisam ser aquecidos a temperaturas muito altas para se tornar líquidos?

_____

_____

_____

UM PASSO A MAIS

ESQUEMA ILUSTRATIVO. OS ELEMENTOS NÃO FORAM REPRESENTADOS EM PROPORÇÃO DE TAMANHO ENTRE SI. AS CORES NÃO CORRESPONDEM AOS TONS REAIS.

Representação mostra a água em diferentes estados físicos em um ambiente. As setas mostram as trocas.

Converse com os colegas e com o professor sobre a imagem acima e responda às perguntas a seguir.

1. Em quais estados físicos a água pode ser encontrada na natureza? Utilize a imagem acima para exemplificar.

_____
_____
_____
_____

2. Explique como ocorreu uma das mudanças de estado físico mostradas na imagem.

_____
_____
_____
_____

3. Qual é o efeito da temperatura no estado físico das substâncias?

_____
_____
_____

4. Como você classificaria o estado físico das substâncias relacionadas a seguir?

a) Suco congelado: _____

b) Leite: _____

c) Sal de cozinha: _____

d) Sorvete derretido: _____

5. Associe cada imagem a um estado físico da água, usando a legenda abaixo.

ESQUEMA ILUSTRATIVO. OS ELEMENTOS NÃO FORAM REPRESENTADOS EM PROPORÇÃO DE TAMANHO ENTRE SI. AS CORES NÃO CORRESPONDEM AOS TONS REAIS.

Legenda:
1. Água no estado líquido.
2. Água no estado sólido.

A ☐   B ☐   C ☐   D ☐

E ☐   F ☐   G ☐

117

UNIDADE

7 TRANSFORMAÇÕES QUÍMICAS NO COTIDIANO

1. Observe as imagens dos carrinhos de brinquedo. Escreva algumas palavras que descrevam o estado deles.

2. Você imagina de qual material eles são feitos?

3. Os pneus dos carrinhos parecem mais preservados. Por que você acha que isso ocorreu?

VOCÊ VAI APRENDER SOBRE:
- Transformações químicas
- Combustão
- Cozimento
- Ferrugem
- Outras reações com o gás oxigênio

MODIFICANDO A MATÉRIA

O QUE VOCÊ TEM PARA CONTAR?

Nas festas juninas é muito comum ter fogueiras. Você já viu uma fogueira acesa? Você já reparou o que acontece com a madeira, o papel ou as folhas que são queimados na fogueira? Conte para seus colegas e o professor sobre suas experiências.

As transformações químicas também fazem parte do nosso dia a dia, assim como as transformações físicas. Você sabe diferenciar uma transformação química de uma transformação física? Pensando nas reflexões e conversas que você acabou de ter com seus colegas e com o professor e no que você estudou na Unidade anterior, tente diferenciar esses dois tipos de transformação, antes de continuar a ler esse texto. Depois, retorne às suas hipóteses e veja se elas se confirmaram.

DIFERENÇAS ENTRE TRANSFORMAÇÕES QUÍMICA E FÍSICA

A diferença é que na transformação química a substância é transformada em outra e na física não. Portanto, é formada uma substância nova. Isso acontece com os materiais queimados na fogueira ou em um objeto enferrujado.

Corrente enferrujada e cinzas resultantes de uma fogueira. Esses são exemplos de transformações químicas.

Nas transformações físicas, a substância permanece a mesma. Ela pode ter alteradas algumas de suas características, como o estado físico ou seu tamanho, contudo ela ainda continua sendo o mesmo material. É o que acontece, por exemplo, nas mudanças de estado físico da água, com o papel rasgado ou com o vidro quebrado.

O derretimento do gelo e a quebra de uma garrafa de vidro são exemplos de transformações físicas.

As transformações químicas são irreversíveis, isto é, o material que passa por uma reação química não pode voltar a seu estado original. Isso significa que jamais veremos uma palha de aço enferrujada voltar a ser conforme era em sua origem. Nem um ovo frito voltar a ser um ovo cru.

Em nosso dia a dia, as transformações químicas acontecem quase o tempo todo, de formas variadas. Lembra-se dos estudos sobre fotossíntese? As plantas, ao produzirem seu próprio alimento, transformam a água e o gás carbônico em açúcar e liberam gás oxigênio no ar. O que ocorreu foi uma transformação química.

Algumas transformações físicas podem ser reversíveis, como as mudanças de estado físico. Porém, outras reações físicas, como o papel rasgado ou o vidro quebrado, não podem ser revertidas. O papel e o vidro não voltam a ficar inteiros, como eram. Mesmo que sejam colados ficarão com marcas e terão outro material acrescentado a eles.

ATIVIDADE

- Dê exemplos de transformações químicas que você conhece.

LER PARA... SE INFORMAR

A DESCOBERTA QUE MUDOU A HUMANIDADE

A primeira energia natural utilizada pelo homem de forma intencional foi o fogo. Quando um raio, que anunciava uma tempestade, incendiava uma árvore, o homem pré-histórico não conseguia ainda ter controle sobre ele. Se o fogo adquirido a partir desse episódio se apagasse, era necessário aguardar por outros incêndios para que se pudesse obter fogo novamente. Mas este fogo já o ajudou bastante a cozinhar seu alimento, a iluminar algum lugar na hora desejada, em seu aquecimento e também para se proteger de animais que não se aproximavam do fogo.

[...]

Arqueólogos israelenses descobriram o indício mais antigo de uma fogueira produzida há 790 mil anos, às margens do rio Jordão, entre Israel e a Jordânia.

[...]

Gravura mostrando seres humanos primitivos fazendo fogo ao esfregar pedaços de madeira. Louis Figuier, **A conquista do fogo**, 1870.

Ao longo de gerações, o homem soube desenvolver maneiras de transportar e produzir fogo em qualquer lugar, como as tochas com óleos, os fósforos e até os isqueiros. Além disso, ele conseguiu aliar o fogo a outros instrumentos e desenvolver fontes de energia maiores e melhores. Até hoje, o fogo é a principal fonte de energia do ser humano, praticamente metade do gasto de energia mundial, sendo usada para produzir energia elétrica e aquecimento.

Manuela Musitano. **O homem e o fogo**. Invivo Fiocruz. Disponível em: <http://www.invivo.fiocruz.br/cgi/cgilua.exe/sys/start.htm?infoid=1014&sid=9>. Acesso em: 2 abr. 2018.

1. Por que a descoberta e o domínio do fogo foram tão importantes para a sobrevivência da espécie humana?

2. Dê o exemplo de uma transformação física e de uma transformação química relacionadas ao fogo.

3. O texto cita que o fogo é usado para o que atualmente? Cite outros usos atuais do fogo, além dos citados.

O FOGO

O fogo decorre da combustão, uma reação de transformação de energia química em energia térmica e energia luminosa. Na combustão, um material é queimado e fornece calor e luz.

Por exemplo, para cozinhar precisamos de calor. A chama do gás queimando no fogão é decorrente da combustão. Neste caso, a energia química que existe no gás é transformada em energia térmica e em energia luminosa. O mesmo ocorre em uma fogueira: a energia química da lenha transforma-se em calor e luz.

Para que uma combustão aconteça é necessário um combustível, isto é, o material que será queimado. Os combustíveis podem ser sólidos, líquidos ou gasosos. Tecido, papel, cera e madeira são exemplos de combustíveis sólidos. A gasolina é um exemplo de combustível líquido. O gás de cozinha é um exemplo de combustível gasoso.

Na combustão, a madeira do palito de fósforo serve de combustível, assim como o gás de cozinha no fogão.

Além do combustível uma combustão precisa de um comburente, geralmente o gás oxigênio. Uma maneira de interromper uma reação de combustão – isto é, apagar o fogo – é retirar o comburente do meio no qual a combustão ocorre. Você aprenderá mais sobre este processo na seção **Investigando e Experimentando** da página 126.

ATIVIDADE

- Um ambiente onde haja substâncias inflamáveis (por exemplo: postos de gasolina, depósitos de gás, indústrias, cozinhas de restaurantes) deve contar com diversos procedimentos de segurança. Afinal, um pequeno descuido pode provocar um grave acidente com fogo.

Esta placa de sinalização é encontrada em postos de gasolina:

Para sua segurança

Produto altamente inflamável — Não fume — Desligue o motor — Desligue o celular — Desça da moto — Proibido o abastecimento em recipientes não autorizados

Discuta com os colegas o motivo de cada um desses cuidados e escreva abaixo. Se necessário faça uma pesquisa.

a) "Não fume"; _____
_____

b) "Desligue o motor"; _____
_____

c) "Desligue o celular"; _____
_____

d) "Desça da moto"; _____
_____

e) "Proibido o abastecimento em recipientes não autorizados".
_____
_____

INVESTIGANDO E EXPERIMENTANDO

OBSERVANDO UMA COMBUSTÃO

O que faz a chama de uma vela permanecer acesa tanto tempo? Reflita sobre o assunto e levante suas hipóteses. Anote-as para comparar com os resultados.

Nesta atividade, você entenderá a importância de cada elemento da combustão.

▼ MATERIAL

- 1 copo médio de vidro
- 1 copo grande de vidro
- 3 pires de louça ou vidro
- 3 velas de aniversário
- fósforos

▼ COMO FAZER

Atenção A chama e a cera quente das velas podem causar queimaduras. Deixe que o professor manipule as velas acesas e o fósforo.

1 O professor vai acender uma vela e pingar algumas gotas de cera derretida em um dos pires para fixá-la.

2 Ele executará o mesmo procedimento com as outras duas velas.

3 Uma vela deverá ser coberta com o copo maior.

4 A outra vela deverá ser coberta com o copo menor.

5 A terceira vela ficará descoberta.

TEL COELHO/GIZ DE CERA

▼ FORMULANDO HIPÓTESES

O que você acha que acontecerá a cada uma das velas? Por quê?

▼ RESULTADOS

1. Marque o horário em que a observação do experimento começou.

2. Registre o horário em que cada vela apagou.

▼ CONCLUSÕES

- Complete as frases abaixo, resumindo o experimento e suas conclusões.

O comburente que mantém a chama da vela acesa é o _____.

A vela que não está coberta com nenhum copo só se apagará quando acabar o combustível, que neste caso é a _____. O tamanho do copo é importante. A vela que está coberta pelo copo _____ foi a primeira a se apagar, porque há menos gás _____ no interior dele.

A vela que está coberta pelo copo _____ foi a segunda a se apagar, uma vez que ela tem uma quantidade maior de gás _____.

127

TRANSFORMAÇÕES QUÍMICAS NA COZINHA

> Quais processos de transformação dos alimentos você conhece?

Ao preparar um alimento, diversas alterações e transformações irão ocorrer. O fornecimento de calor é responsável pela maior parte dessas transformações.

O ato de aquecer um alimento permite que ele se misture melhor com outros ingredientes presentes, como os temperos, a água ou a gordura.

Podemos aquecer um alimento colocando-o diretamente num forno (assar), em uma panela com água (cozinhar) ou em uma panela com óleo (fritar). As diferenças entre estas três maneiras de preparo estão principalmente no tipo de substância que está em contato com o alimento (por exemplo, o óleo ou a água) e na temperatura que é atingida no processo.

Fritar, assar e cozinhar são meios de transformar os alimentos.

Esses processos transformam os alimentos de maneira irreversível, ou seja, eles não voltam ao estado que tinham quando estavam crus.

Depois de cozida, a carne não volta mais ao seu estado inicial, cru.

ATIVIDADES

1. Relacione a coluna da esquerda, que contém os processos de aquecimento de um alimento, com a coluna da direita, que contém o meio em que o alimento pode estar.

Cozinhar	óleo
Assar	água
Fritar	ar quente

2. Você já reparou de que modo é feita a comida na sua casa? Que tal conversar com quem as prepara? Acompanhe o preparo de uma refeição e anote o que você observou e conversou. Apresente os dados para o professor e o restante da turma.

3. Observe a foto abaixo.

a) O que a foto mostra?

_____

b) O alimento é aquecido ou resfriado neste processo?

_____

c) Como esse alimento se altera?

_____

d) Algo pode ser feito para que o alimento volte a ter as características do início? Por quê?

_____

A FERRUGEM

> Que tipo de transformação ocorreu em um material enferrujado?

As reações que acontecem com o oxigênio são chamadas de oxidação. Dizer que uma substância oxidou significa que ela deixou de ser o que era e se transformou em outra. Uma reação de oxidação bem conhecida é a do ferro. O ferro é um metal bastante resistente. Quando o ferro reage com o oxigênio presente no ar ou na água, transforma-se em outra substância, chamada de ferrugem. A ferrugem é avermelhada e pouco resistente, o que faz com que os objetos feitos de ferro percam a utilidade quando estão enferrujados.

Para se evitar a ferrugem, deve-se impedir que o ferro entre em contato com o gás oxigênio. Isso pode ser feito aplicando-se uma camada protetora sobre o metal. É o que fazemos quando pintamos um objeto para evitar que ele enferruje.

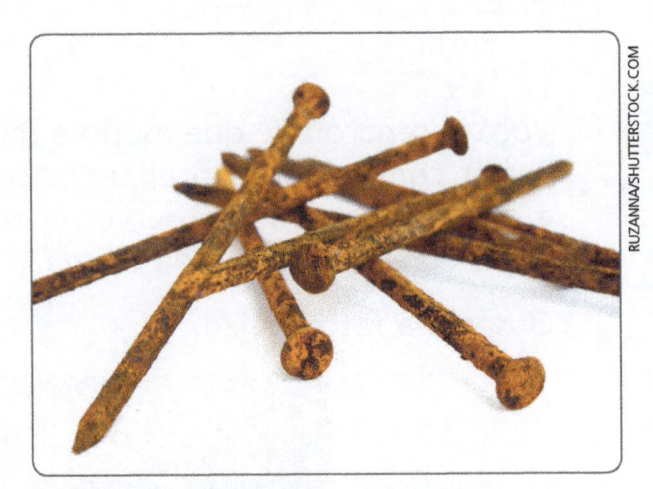

Pregos enferrujados tornam-se menos resistentes.

A tinta impede o contato do ferro com o gás oxigênio, evitando a ferrugem.

O vapor de água do ar aumenta a intensidade dessa transformação. Por isso, em ambientes úmidos é mais comum que os objetos enferrujem. O aumento de temperatura e a presença de outras substâncias, como o sal, também facilitam essa transformação.

ATIVIDADES

1. Clara mora no campo, mas sempre vai passar suas férias no litoral. Ela gosta de observar as diferenças entre os modos de vida nesses dois locais. Certa vez, ela reparou que a maioria das casas do litoral possui o portão de madeira ou de alumínio, enquanto no lugar onde ela mora a maioria dos portões é de ferro.

Na volta às aulas, Clara comentou sobre isso com os colegas da escola e com o professor, pois não tinha entendido o motivo dessa diferença.

POR QUE NO LITORAL A MAIORIA DOS PORTÕES É DE MADEIRA OU ALUMÍNIO?

- Como você explicaria essa diferença para Clara?

_____
_____
_____

2. Reveja as imagens da abertura desta Unidade. Com um colega, escrevam uma explicação para o estado dos brinquedos mostrados nas fotos.

_____
_____
_____
_____
_____

3. Após lavar a louça de casa, Lucas deixou a palha de aço junto da esponja molhada sobre a pia. Seu pai, ao ver isso, alertou: "Lucas, não deixe a palha de aço desse jeito: retire a água dela o máximo possível, ou então deixe-a dentro de um copo com água."

Sabendo que o aço tem ferro em sua constituição, o que você imagina que aconteceria com a palha de aço se Lucas a tivesse deixado molhada sobre a pia? Como as sugestões que o pai lhe deu podem impedir que isto ocorra?

Palha de aço, usada para lavar louça.

_____
_____
_____
_____
_____

4. Converse com os seus familiares e pergunte se há algum material em sua casa enferrujado ou que tenha recebido tratamento contra a ferrugem. Conte o que você descobriu para os seus colegas.

OUTRAS REAÇÕES COM O GÁS OXIGÊNIO

> Você já reparou no que ocorre com os sucos de abacaxi e limão quando eles não são bebidos logo após serem feitos?

Além da ferrugem, o gás oxigênio do ar também pode causar outras transformações nas substâncias. Por exemplo, quando algumas frutas, como a banana e a maçã, ficam expostas ao ar depois de abertas, elas escurecem. Essa transformação é causada pelo gás oxigênio e é irreversível. A casca das frutas impede essa reação. Assim que são retiradas, o gás oxigênio começa a agir provocando o escurecimento da fruta. Além do gosto e da cor mudarem, parte do valor nutritivo da fruta também pode se perder.

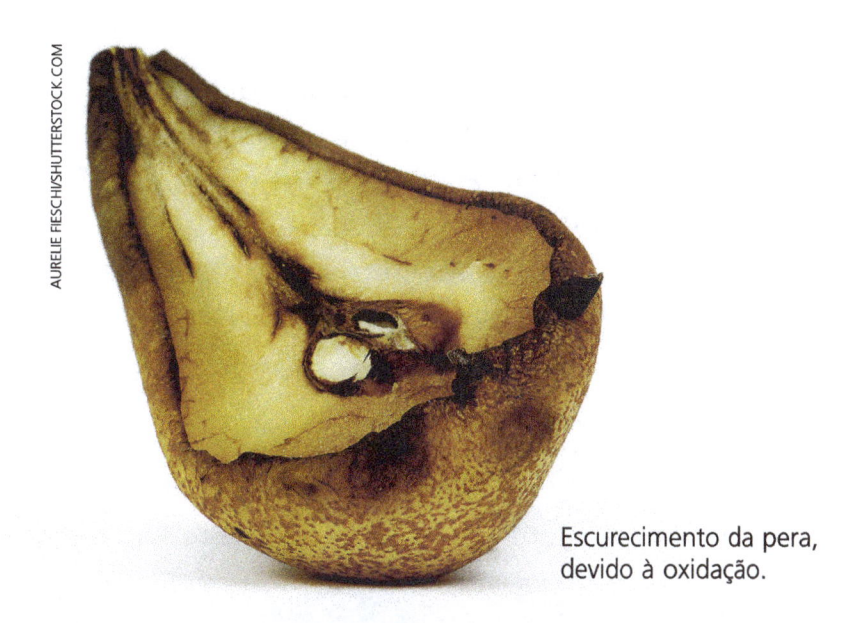

Escurecimento da pera, devido à oxidação.

O mesmo ocorre com os sucos de algumas frutas. Se eles não forem consumidos logo após terem sido feitos, mudam de aparência e sabor, por ação do gás oxigênio. Isso ocorre, pois as substâncias que compõem o suco foram alteradas. Trata-se de uma transformação química.

ATIVIDADES

1. Quando compramos alimentos enlatados ou em embalagens plásticas devemos observar se as embalagens não estão abertas ou furadas. Por que é importante esse cuidado?

2. Alguns alimentos são mais resistentes que outros ao ficarem expostos ao ar. Converse sobre isso com alguns de seus colegas. Procurem se lembrar de alguns alimentos, e se eles se alteram com facilidade ou não. Juntos, elaborem uma lista de pelo menos 5 alimentos de cada tipo: os que oxidam e os que não oxidam rapidamente.

> **DICA** vocês podem pedir ajuda às pessoas responsáveis pela alimentação na escola.

---

3. Você deve ter percebido que ao longo desta unidade nós falamos bastante sobre o gás oxigênio.

Outra importante reação com oxigênio é a respiração dos seres vivos. Quando respiramos, os açúcares dos alimentos reagem com o gás oxigênio que retiramos do ar. Acontece, então, a transformação desse açúcar em gás carbônico, água e a liberação de energia.

Sendo tão importante, será que o gás oxigênio é o principal componente do ar? A atmosfera contém mais vapor de água ou mais gás oxigênio?

Observe o gráfico a seguir, para responder a essas perguntas.

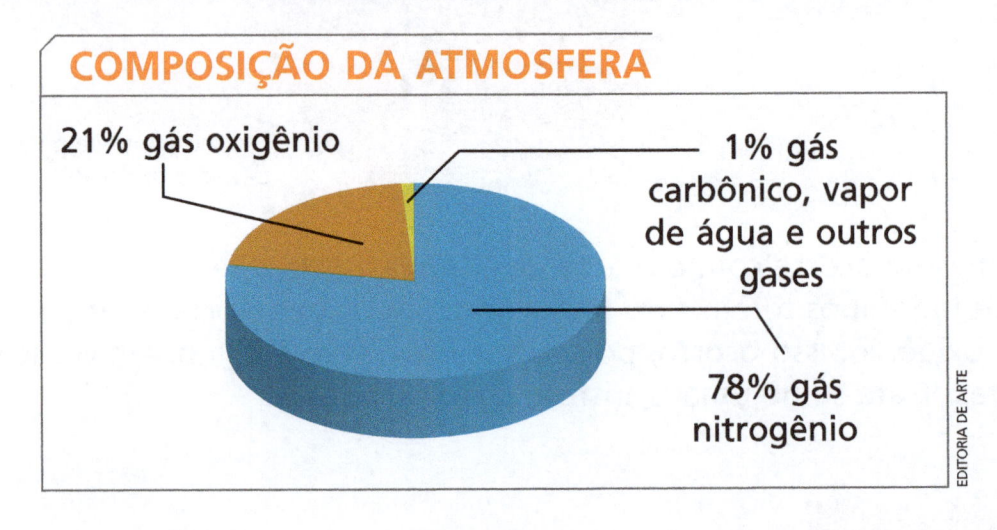

COMPOSIÇÃO DA ATMOSFERA

- 21% gás oxigênio
- 1% gás carbônico, vapor de água e outros gases
- 78% gás nitrogênio

134

AVANÇOS DA CIÊNCIA

MAÇÃ QUE NÃO ESCURECE

Pouco tempo após ser cortada, a maçã fica marrom. Isso acontece porque, quando a fruta é partida, ela reage com o oxigênio do ar, produzindo o tom escuro. Se houver ferro por perto, geralmente na faca usada para o corte, o processo é ainda mais rápido. Apesar da má aparência, a cor escura não significa que a fruta esteja estragada. Mas foi pensando em prolongar a beleza da fruta que especialistas [...] [de] uma empresa de biotecnologia do Canadá, iniciaram pesquisas a fim de produzir uma maçã que não escureça.

O resultado recebeu o nome de "Arctic". "Elas parecem maçãs, crescem como maçãs, podem ser vendidas como maçãs mas, quando você cortar, ela não ficará escura", explica o presidente da companhia, Neal Carter. [...]

Se uma maçã mordida for deixada em repouso, ela se tornará mais escura.

CANADENSES criam maçã que, cortada, não escurece. **180 graus**, 3 dez. 2010. Disponível em: <https://180graus.com/geral/canadenses-criam-maca-que-cortada-nao-escurece-382537>. Acesso em: 2 abr. 2018.

1. De acordo com o texto, por que o escurecimento da maçã é mais rápido quando ela é cortada por uma faca?

2. Na sua opinião, qual é a vantagem de se produzir maçãs que não escureçam ao serem cortadas?

UM PASSO A MAIS

O COZINHEIRO DESASTRADO

Carlos é cozinheiro profissional. Ele comanda a cozinha de um grande restaurante. Porém, ele é muito desastrado e é comum que coloque fogo nas panelas com óleo quente. Como vimos na Unidade 5, o óleo e a água não se misturam, portanto esse fogo não pode ser apagado com água.

1. Com base no que você aprendeu sobre o que é a combustão, como você diria para Carlos apagar o fogo da panela com óleo, sem usar água?

_____
_____
_____
_____
_____

2. Você sabia que há diferentes tipos de extintores para cada tipo de incêndio? Você sabe como cada um deles funciona? Em grupo, façam uma pesquisa sobre eles. Procurem também onde estão localizados e verifiquem de que tipo eles são.

3. Suponha agora que o incidente causado pelo desavisado cozinheiro terminasse em um princípio de incêndio, e ele precisasse usar um extintor para controlar o fogo. Qual você indicaria para ele usar nesta situação?

_____
_____

4. Depois do susto, o desastrado cozinheiro resolveu se afastar do fogão por um tempo, e foi preparar uma salada de frutas. Ele picou diversas peras, maçãs e bananas, e as deixou sobre a mesa enquanto preparava uma calda. Quando terminou, percebeu que as frutas picadas estavam escuras. Como você explicaria por que isso aconteceu?

_____
_____
_____
_____
_____
_____
_____

UNIDADE 8

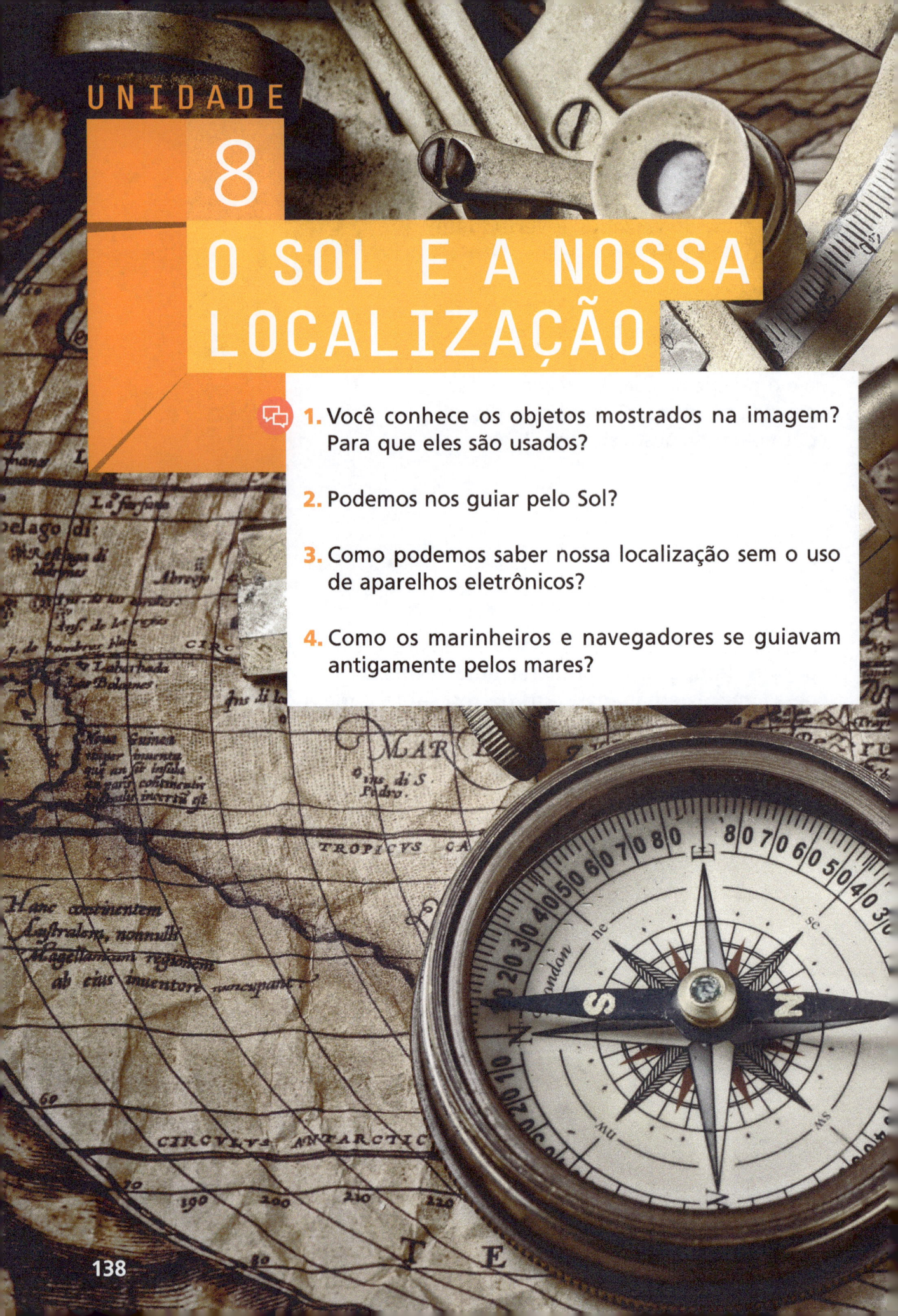

O SOL E A NOSSA LOCALIZAÇÃO

1. Você conhece os objetos mostrados na imagem? Para que eles são usados?

2. Podemos nos guiar pelo Sol?

3. Como podemos saber nossa localização sem o uso de aparelhos eletrônicos?

4. Como os marinheiros e navegadores se guiavam antigamente pelos mares?

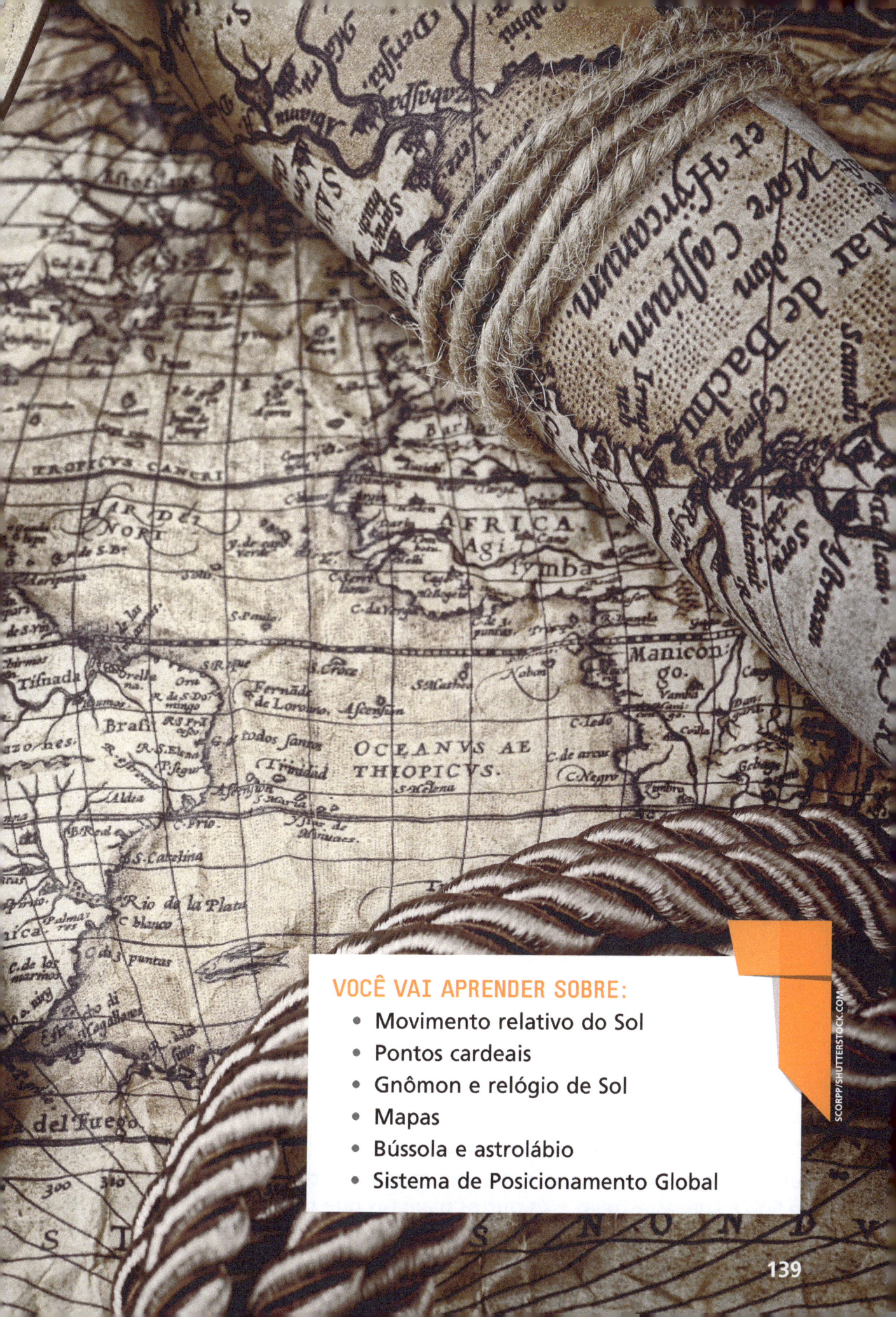

VOCÊ VAI APRENDER SOBRE:
- Movimento relativo do Sol
- Pontos cardeais
- Gnômon e relógio de Sol
- Mapas
- Bússola e astrolábio
- Sistema de Posicionamento Global

MOVIMENTO RELATIVO DO SOL

O QUE VOCÊ TEM PARA CONTAR?

Você já acordou bem cedo, com o dia ainda escuro, e pôde ver o Sol nascer? Ou já parou para apreciar um pôr do sol ao entardecer? Estes dois belos fenômenos são apreciados por muitas pessoas ao redor de todo o planeta. Mas será que o Sol nasce e se põe sempre no mesmo lugar? Em que horário o Sol costuma estar mais alto no céu? Como é possível saber as horas sem ter um relógio? O que você tem para contar sobre isso tudo?

Pôr do sol visto de uma praia. Ubatuba, São Paulo, 2017.

ATIVIDADE

- A Terra não está parada. Ela faz vários movimentos, entre eles, dois muito importantes. Você sabe que movimentos são esses e como eles são chamados?

OS GIROS QUE A TERRA DÁ

Antigamente, acreditava-se que a Terra era plana e que ficava parada em uma placa rígida chamada de firmamento. Além disso, acreditava-se que eram o Sol, a Lua, as estrelas e os outros planetas que giravam em torno da Terra.

Hoje sabemos, por meio de inúmeras experiências e observações, que não existe nenhuma placa rígida no espaço e que a Terra gira em torno do Sol. O movimento da Terra de girar ao redor do Sol é chamado de translação. Ela também gira em torno de um eixo imaginário, isto é, gira em torno de si mesma. Esse movimento chama-se rotação.

Representação dos movimentos da Terra. As setas amarelas mostram a translação e as vermelhas a rotação. Nesta imagem, a Terra e o Sol não foram ilustrados em proporção de tamanho, o Sol é muito maior que a Terra.

O movimento de rotação é o responsável pelo nascer e pelo pôr do Sol. A cada volta que a Terra completa em torno de si mesma, o Sol nasce e se põe uma vez. A posição onde o Sol nasce e onde se põe muda um pouco a cada dia, por causa do movimento de translação. O movimento de rotação dura aproximadamente 24 horas. E o movimento de translação dura aproximadamente 365 dias.

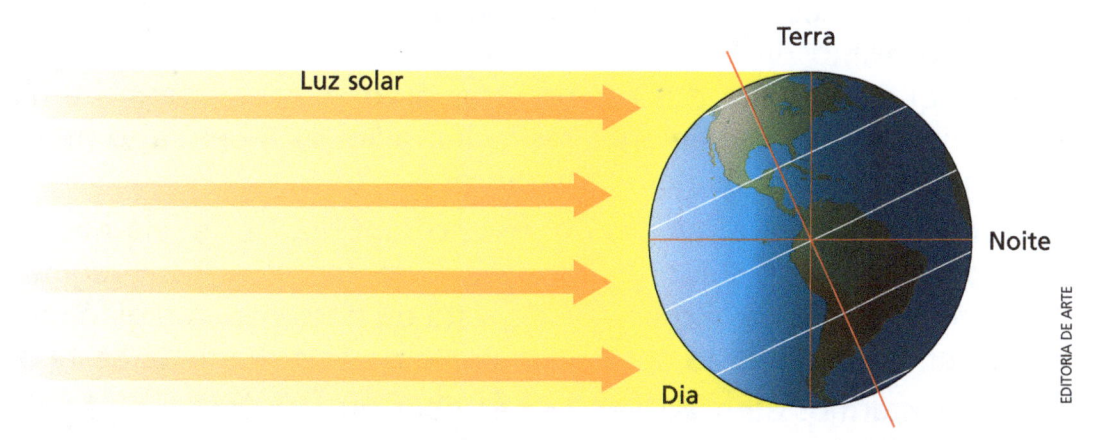

Esquema mostrando uma parte da Terra iluminada e a outra não. O movimento de rotação faz com que as partes iluminadas da Terra mudem, resultando nos dias e nas noites.

141

AS ESTAÇÕES DO ANO

Devido ao fato de o eixo imaginário de rotação da Terra ser inclinado, os raios solares incidem de maneiras diferentes ao longo do ano, com maior ou menor intensidade. É esta diferença que faz com que tenhamos as estações do ano.

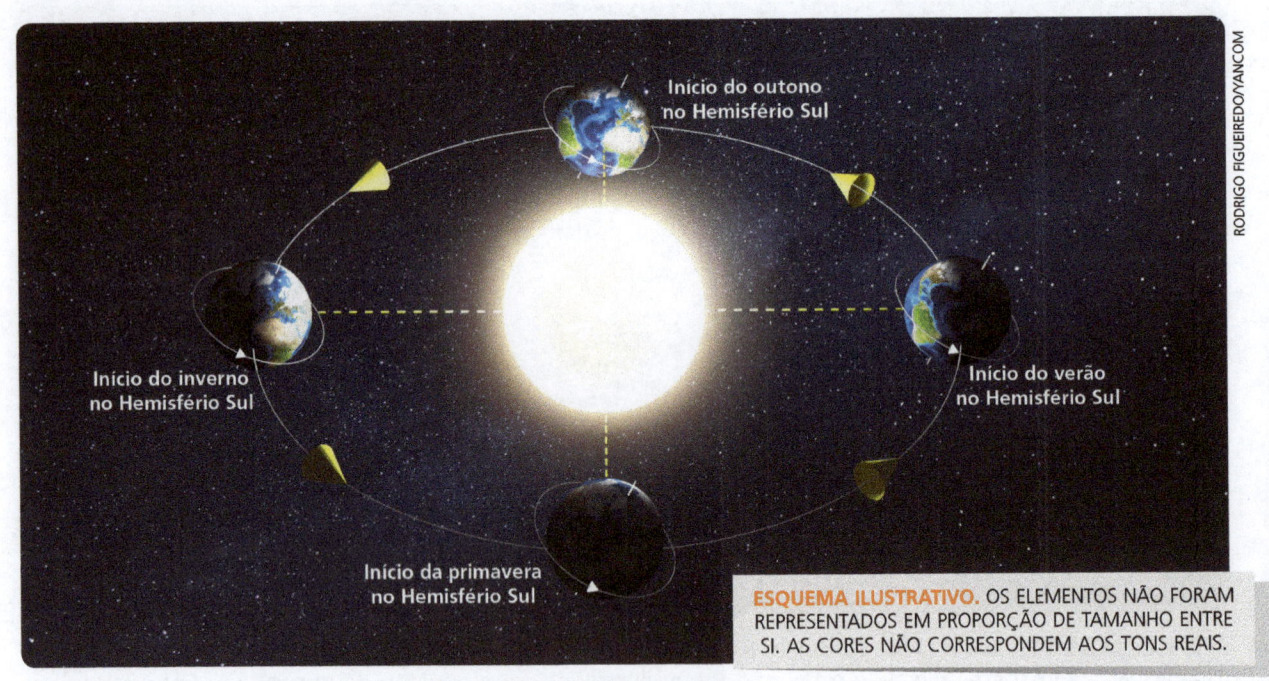

ESQUEMA ILUSTRATIVO. OS ELEMENTOS NÃO FORAM REPRESENTADOS EM PROPORÇÃO DE TAMANHO ENTRE SI. AS CORES NÃO CORRESPONDEM AOS TONS REAIS.

Representação da posição da Terra em relação ao Sol nas diferentes estações do ano no Hemisfério Sul, ou seja, na metade inferior do globo terrestre, onde se localiza o Brasil. Nesta imagem, a Terra e o Sol não foram ilustrados em proporção de tamanho, o Sol é muito maior que a Terra.

POSIÇÃO DO SOL NO CÉU

Quando a Terra gira, a impressão que nós temos é que o céu é que está girando. Dessa forma, o Sol possui um movimento aparente ou relativo no céu. Ao nascer e ao se pôr, o Sol está próximo da **linha do horizonte**. Isso faz com que a sombra dos prédios, das árvores e até mesmo a nossa fique bem maior. Porém, próximo do meio-dia, o Sol está bem alto no céu, fazendo com que as sombras fiquem menores.

Linha do horizonte: linha imaginária correspondente ao local em que parece que o céu toca o solo ou o mar.

Como a Terra gira sempre no mesmo sentido, isto é, ela não inverte seu sentido de rotação, o Sol surgirá sempre na mesma direção. A região em que o Sol surge no horizonte é chamada de leste ou nascente. A região em que o Sol se põe sempre na direção oposta à que ele nasce é chamada oeste ou poente.

Se prestarmos atenção, vamos perceber que, ao longo do ano, o Sol nasce e se põe em pontos ligeiramente diferentes na direção leste, e se põe em pontos ligeiramente diferentes na direção oeste.

Quando estamos andando de ônibus, de carro ou de trem e olhamos pela janela, vemos todos os elementos da paisagem (árvores, morros, prédios etc.) em movimento, passando por nós. Temos a sensação de que estes elementos estão passando no sentido contrário do veículo em que estamos. Mas nós sabemos que, na verdade, é o veículo que está em movimento rápido. Esta impressão de movimento é chamada de movimento aparente. Da mesma forma, o Sol parece girar ao redor da Terra, quando na verdade é a Terra que gira ao redor de si mesma.

ATIVIDADES

1. Comparem os dois tipos de movimento aparente citados nos relatos a seguir. Em seguida, o que vocês responderiam para ajudar estas pessoas a resolver suas dúvidas:

    a) Hélio, 4 anos:

    "Quando olho pela janela do carro, as árvores andam bem depressa. Por que eu não vejo as árvores andando quando saio do carro?"

    b) Aurora, 89 anos: "Se é a Terra que gira em torno do Sol, por que eu vejo todos os dias o Sol se movimentando no céu?"

2. Identifique a qual movimento da Terra cada descrição está relacionada. Complete com **R** para indicar rotação e com **T** para indicar translação.

    ☐ Alternância do dia e da noite.

    ☐ Alteração da posição em que o Sol se põe em cada época.

    ☐ Demora um ano para completar uma volta.

    ☐ Demora um dia para completar uma volta.

PONTOS CARDEAIS

> Você conhece os pontos cardeais? Quais são eles?

Quando queremos indicar algum lugar ou alguma coisa, procuramos ter uma referência, não é? As referências podem ser os nomes das ruas, os números das casas, os estabelecimentos comerciais, a direção que se deve andar, entre outras. Se queremos explicar, por exemplo, onde moramos, damos referências como: "você entra na Rua Joaquim Nabuco, e a casa fica à direita, no número 166". Os pontos cardeais também são pontos de referência. Por meio deles, podemos localizar qualquer lugar sobre a superfície terrestre. São eles: Norte (N), Sul (S), Leste (L) e Oeste (O).

Sabemos que estes pontos foram definidos há muito tempo, pois as civilizações antigas já os conheciam. Os povos antigos sabiam que a sombra provocada pelo Sol variava conforme o dia ia passando. Assim, conseguiam localizar as direções Norte, Sul, Leste e Oeste, pela posição do Sol no céu.

Além dos pontos cardeais, existem também os pontos auxiliares de localização, que vão definir as regiões entre dois pontos cardeais. São eles: Nordeste (NE), Sudeste (SE), Noroeste (NO) e Sudoeste (SO). Os pontos auxiliares também são chamados de pontos colaterais.

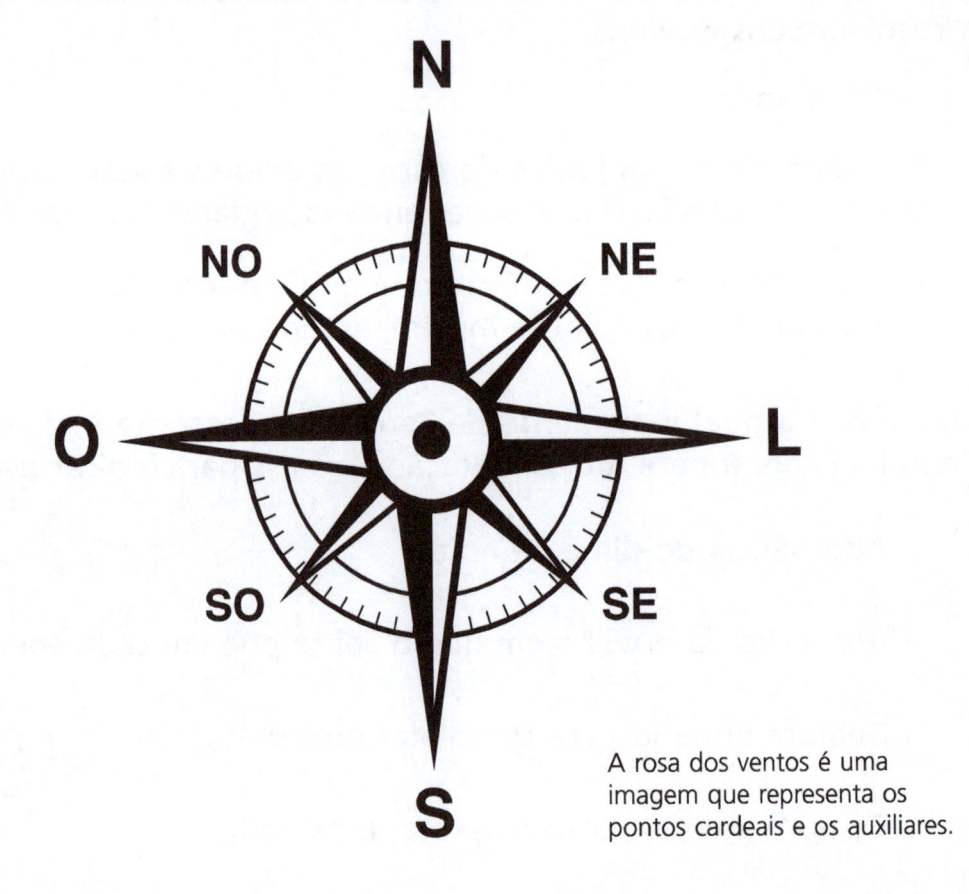

A rosa dos ventos é uma imagem que representa os pontos cardeais e os auxiliares.

ATIVIDADES

1. Vamos até o pátio da escola para localizar os pontos cardeais, como as pessoas das antigas civilizações faziam?

   Desenhe, no caderno:

   1. Alguns elementos que compõem o pátio da escola.
   2. A posição do Sol no céu em relação a esses elementos na sua primeira observação.
   3. A posição do Sol no céu na segunda observação, algumas horas mais tarde.
   4. Faça um traço unindo a posição dos dois desenhos do Sol, para indicar a direção em que ele se deslocou no céu.
   5. Identifique o nascente e o poente do Sol (Leste e Oeste).
   6. Localize os demais pontos cardeais.

   Atenção Nunca olhe diretamente para o Sol, isso pode danificar seriamente os seus olhos.

2. Os pontos cardeais e auxiliares também podem nos ajudar a identificar uma região de uma cidade, um estado ou um país.

   a) Observe o mapa do Brasil e localize nele os pontos cardeais: Norte (N), Sul (S), Leste (L) e Oeste (O).

   b) Contorne no mapa o estado em que você mora. Em qual região ele se localiza?

   _____
   _____
   _____
   _____
   _____
   _____

   MAPA DO BRASIL, DIVIDIDO POR ESTADOS

   Fonte: IBGE. **Atlas geográfico escolar**. 7 ed. Rio de Janeiro, 2016. p. 90.

145

GNÔMON

O gnômon foi o primeiro instrumento usado na astronomia que se tem notícia. Ele consiste simplesmente em uma vara fixada verticalmente no chão. Por meio da sombra produzida pelo Sol, é possível saber as horas ao longo do dia.

Assim que o Sol nasce, a sombra projetada pelo gnômon é a maior possível. Com o passar do tempo, a sombra vai diminuindo, até que próximo ao meio-dia teremos a menor sombra possível. Em seguida, a sombra volta a aumentar de tamanho, atingindo seu maior comprimento no pôr do sol.

Ao meio-dia, quando a sombra é a menor possível, a linha que passa pela sombra é chamada de meridiano. Esta linha irá definir as direções Norte e Sul. Cortando essa linha, teremos as direções Leste e Oeste. Como já falamos, o Leste estará na região em que o Sol nasce. Se você estiver em cima do meridiano e abrir seu braço direito, ele apontará para a região Leste, e você estará de frente à região Norte.

RELÓGIO DE SOL

Um relógio de sol pode ser construído usando-se um gnômon e um mostrador. O mostrador deve ser dividido em 12 partes, representando as doze horas, que é o tempo médio em que temos luz do sol.

Esse relógio mudará suas marcações ao longo do ano. Isso acontece porque o Sol não nasce sempre no mesmo lugar, como já vimos. A quantidade de luz solar também varia com a época do ano. Por exemplo: no verão, temos um dia mais comprido do que no inverno.

Relógio de sol. Domingos Martins, Espírito Santo, 2014.

ATIVIDADES

Sabemos que o dia tem 24 horas. Normalmente, temos 12 horas de luz do sol e 12 horas de noite. No entanto, dependendo da região em que estamos e da época do ano, o tempo de luz do sol pode variar. Durante o verão esse tempo é maior e no inverno, menor.

1. Na cidade de Pelotas, na região Sul do Brasil, o dia chega a ter 14 horas de Sol no mês de janeiro (isto é, durante o verão). Quantas horas dura a noite nessa época em Pelotas?

   _____

2. Quantas horas vocês imaginam que dure o dia no mês de julho (isto é, no inverno) em Pelotas? Mais ou menos que 14 horas?

   _____

   _____

ACESSAR PARA... INVESTIGAR

Junte-se a um colega e, com a orientação do professor, acessem o *site* **Sunrise and sunset** no *link* disponível a seguir: <http://ftd.li/8wbiso> (acesso em: 3 abr. 2018). Nesta página é possível pesquisar quantas horas de luz do sol têm os dias em diversas cidades. Ele também indica a hora do nascer e do pôr do sol.

Procurem informações sobre o mês de julho na cidade de Pelotas e comparem com a resposta que vocês deram na questão 2.

Em grupo, você e seus colegas irão pesquisar a duração de luz solar dos dias da primeira semana do mês de janeiro e dos dias da primeira semana do mês de junho em uma cidade que será definida pelo professor.

Anotem os dados e elaborem um gráfico no caderno, comparando o número de horas de luz solar nos dias de janeiro e junho.

a) Há diferença?

   _____

   _____

b) Por quê? Elaborem uma hipótese e apresentem para a turma.

INSTRUMENTOS DE LOCALIZAÇÃO

O que podemos usar para ajudar a nos localizar no espaço?

MAPAS

Com a invenção do relógio de sol, os seres humanos tinham uma forma precisa de marcar a passagem do tempo. E, com os pontos cardeais, podiam se localizar no espaço, não apenas no lugar onde moravam, mas também em outras regiões.

Os primeiros hominídeos eram nômades, isto é, eram povos que mudavam de um lugar para o outro quando a caça e a pesca diminuíam numa região. Mas, com a domesticação dos animais e com a agricultura, estas populações começaram a se fixar nos lugares e a construir os vilarejos e as cidades. Para se localizar dentro de uma cidade, ou para se deslocar de uma cidade a outra, fez-se necessário o uso de mapas.

Com o comércio entre as cidades e as viagens para lugares cada vez mais distantes, os mapas foram se tornando mais elaborados. As grandes navegações entre os continentes só foram possíveis graças ao auxílio de mapas.

Mapa do mundo, feito em 1635.

BÚSSOLA

Imagine que você esteja no meio de uma floresta, cercado por árvores por todos os lados, ou em uma embarcação em alto-mar, cercado por água por todos os lados, sem avistar nenhum continente. Ou ainda no meio do deserto, e tudo o que você vê é um monte de areia a sua volta. Você consegue imaginar algum jeito de se localizar nessas condições?

Uma boa forma seria usar uma bússola. Normalmente, a bússola aponta para o norte; sabendo em que direção está o norte, podemos deduzir os demais pontos cardeais.

A bússola foi um dos instrumentos mais importantes para as grandes navegações. Há milhares de anos, os chineses já utilizavam a bússola como forma de encontrar um ponto de referência. Mas como funciona uma bússola?

Você já brincou com ímãs? Sabe como eles funcionam? Caso você já tenha brincado, deve ter percebido que eles atraem materiais que contêm ferro e também podem atrair outros ímãs.

Bússola.

Ímã atraindo material de ferro.

Ímãs possuem dois polos, que são chamados norte e sul. Aproximando-se polos diferentes, norte com sul, há atração. Mas se forem aproximados os mesmos polos, norte com norte ou sul com sul, haverá uma força de repulsão entre eles. Esse efeito que gera a atração ou repulsão dos ímãs é chamado de campo magnético.

Assim como o ímã, o planeta Terra possui um campo magnético, que é mais forte nas regiões próximas dos polos do planeta. É como se a Terra fosse um grande ímã gigante.

As bússolas são influenciadas pelo campo magnético da Terra e se orientam, na direção dos polos magnéticos do planeta. Elas possuem uma agulha que é também um ímã, e essa agulha pode se mover livremente. Se não houver nenhum outro ímã próximo influenciando a agulha, ela ficará alinhada na direção norte-sul do planeta, pois será atraída pelos polos magnéticos da Terra.

Os polos magnéticos do planeta não coincidem com os **polos geográficos**, mas estão bem próximos. Dessa forma, a bússola permite que saibamos onde é o polo Norte e a partir dele os outros pontos cardeais.

polo geográfico: ponto por onde passa o eixo imaginário de rotação da Terra.

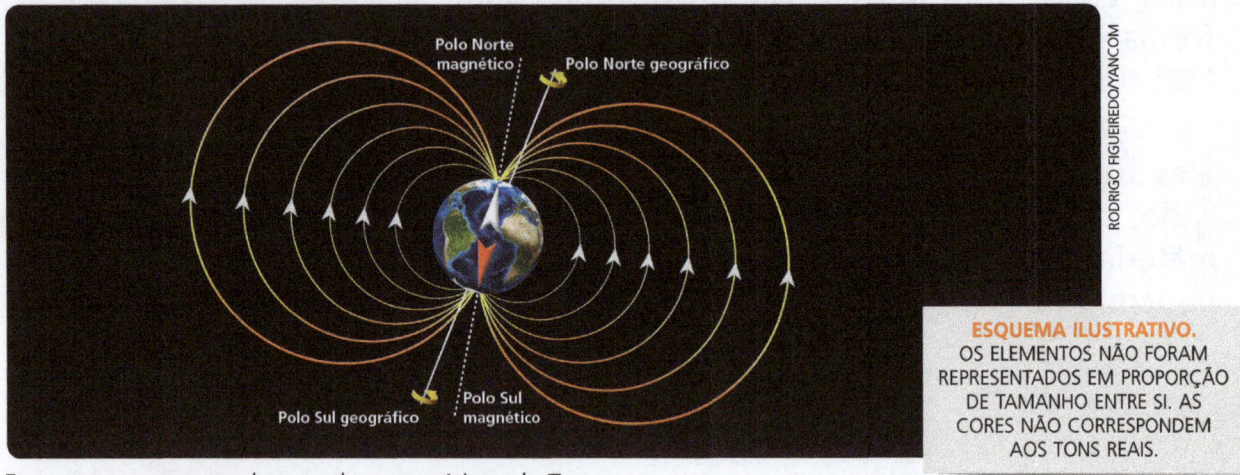

Esquema representando os polos magnéticos da Terra.

ESQUEMA ILUSTRATIVO. OS ELEMENTOS NÃO FORAM REPRESENTADOS EM PROPORÇÃO DE TAMANHO ENTRE SI. AS CORES NÃO CORRESPONDEM AOS TONS REAIS.

ATIVIDADE

- José, quando está de férias, gosta muito de viajar pelas paisagens naturais do país. Ele conhece muito bem o movimento aparente do Sol no céu. Ele sabe que o Sol nasce na região Leste e se põe na Oeste. Então, se ele estiver olhando para onde o Sol se põe, ele saberá a direção norte, sem precisar da bússola. Mesmo assim, ele sempre carrega uma bússola com ele. Um colega uma vez lhe perguntou: "José, se você sabe muito bem descobrir em que direção estão os pontos cardeais, por que você tem uma bússola?"

Se você fosse José, que resposta daria ao colega?

OFICINA

CONSTRUINDO UMA BÚSSOLA

Você sabia que é possível produzir uma bússola com materiais simples e baratos? Veja como.

▼ MATERIAL

- ímã
- um pedaço de rolha
- clipe de papel
- recipiente com água

▼ COMO FAZER

1 Desdobre o clipe, deixando-o reto.

2 Esfregue o clipe no ímã várias vezes, com movimentos firmes e sempre na mesma direção. Com isso, ele ficará magnetizado.

3 Insira o clipe na rolha, lateralmente. Ele deve atravessá-la saindo do outro lado.

4 Coloque a cortiça com o clipe sobre a água do recipiente. Afaste qualquer ímã do recipiente. A rolha deve se mover e parar na direção norte e sul. Para descobrir qual lado é o norte e qual é o sul, outras informações precisam ser coletadas, como a posição das estrelas ou a região em que o Sol nasce.

TEL COELHO/GIZ DE CERA

▼ RESPONDA

1. Você acha que essa bússola caseira pode auxiliar uma pessoa perdida em uma trilha? Por quê?

2. Saber a posição em que o Sol nasce ajuda a definir o norte e o sul?

ASTROLÁBIO

Outro importante instrumento usado para localização é o astrolábio. Ele é um pouco mais difícil de ser usado que uma bússola, mas pode dar informações muito precisas de localização. Com o astrolábio é possível conhecer a posição das estrelas e constelações e calcular a posição delas em relação à linha do horizonte. Ele também pode ser usado durante o dia para medir a altura em que o Sol está em relação ao horizonte, ou ainda para determinar a altura de um prédio, de uma árvore ou a profundidade de um poço.

Há muito tempo as estrelas também servem de guia aos viajantes. No Brasil, podemos ver a famosa constelação do Cruzeiro do Sul, que permite aos navegadores localizar a região Sul. No hemisfério Norte pode-se ver uma estrela que fica na direção do polo Norte, a Estrela Polar ou Estrela do Norte.

Assim como o Sol, as outras estrelas possuem um movimento aparente no céu, isto é, elas também parecem se mover quando a Terra gira. Com o astrolábio é possível medir a posição exata da estrela ou da constelação, e desta forma é possível saber em que região do planeta nós estamos. É como se tivéssemos um mapa no céu. O astrolábio foi simplificado e depois trocado por outro instrumento parecido, o sextante. Apesar de serem bastante antigos, tanto a bússola quanto o astrolábio e o sextante ainda são muito estudados. Os capitães de embarcação e os pilotos de aeronave precisam saber operá-los, pois em uma emergência, na qual os aparelhos modernos falhem, eles poderão recorrer a esses instrumentos antigos.

Astrolábio.

ATIVIDADE

- Complete as frases abaixo, com o nome do instrumento de localização adequado.

    a) A _____ utiliza o campo magnético da Terra para indicar a posição aproximada do polo Norte.

    b) Um _____ é uma representação de um local, que mostra as referências e nos indica qual caminho seguir.

    c) O _____ é usado para sabermos a posição exata de uma estrela, sem precisarmos de aparelhos modernos.

GPS – SISTEMA DE POSICIONAMENTO GLOBAL

GPS é a sigla em inglês para *Global Positioning System*, que significa Sistema de Posicionamento Global. É um sistema que conta com uma rede de satélites e fornece a nossa exata localização no globo terrestre.

Os satélites artificiais são instrumentos feitos pelo ser humano, que giram em torno de um astro. Os que giram em torno do nosso planeta possuem diversas funções. Todos eles, enquanto estão funcionando, podem receber e enviar informações através de sinais, assim como um celular.

Para entender como o GPS funciona, vamos imaginar que um aluno esteja em um corredor entre três salas, conforme a figura.

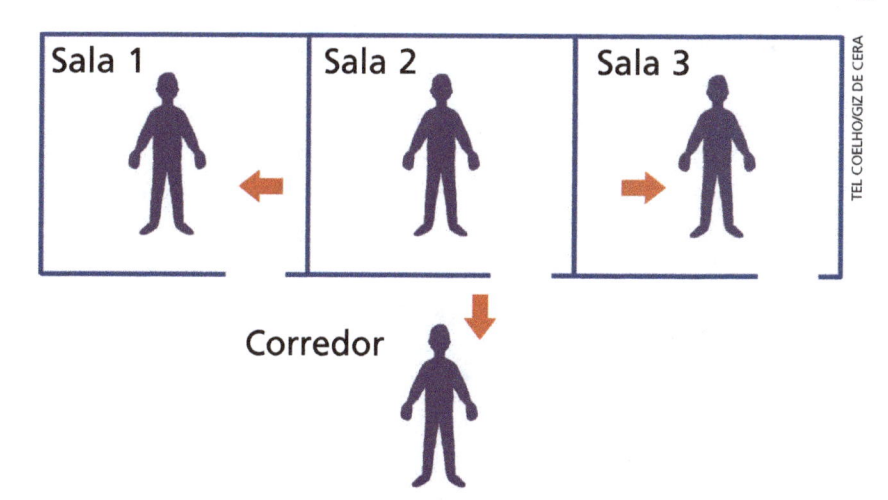

Figura que representa uma forma de localização. Os bonecos dentro das salas e do corredor estão representados de costas. O aluno da sala 2 emite um som que será percebido de diferentes direções pelos alunos que estão nas salas 1, 3 e no corredor.

Vamos supor que o aluno que está na sala 2 toque uma buzina bem alta. O aluno da sala 1 vai falar que o som veio da direita, o aluno da sala 3 vai falar que o som veio da esquerda e o aluno que estiver no corredor vai falar que o som veio da frente. Se os alunos da sala 1, da sala 3 e do corredor conversarem, eles vão saber que o som veio da sala 2.

É assim que o GPS funciona: três satélites trocam informações entre si e com um aparelho receptor que está na Terra. Dessa forma ele consegue determinar a localização exata.

Hoje em dia o GPS é muito usado, não apenas nas embarcações e aeronaves, mas nos ônibus, caminhões, automóveis e nos celulares. Com um GPS instalado em um celular, sabemos em que país, em que estado, em que cidade, em que bairro e em qual rua estamos. Alguns aplicativos para computador e celular usam o GPS junto com mapas e ajudam os motoristas a chegarem a algum destino.

O GPS também é usado para demarcar terras, o que é útil para a agricultura, a arquitetura, a engenharia, e muitas outras áreas do conhecimento. Até mesmo nos esportes ele está sendo usado, pois permite que se calculem a distância percorrida por um atleta e sua velocidade.

UM PASSO A MAIS

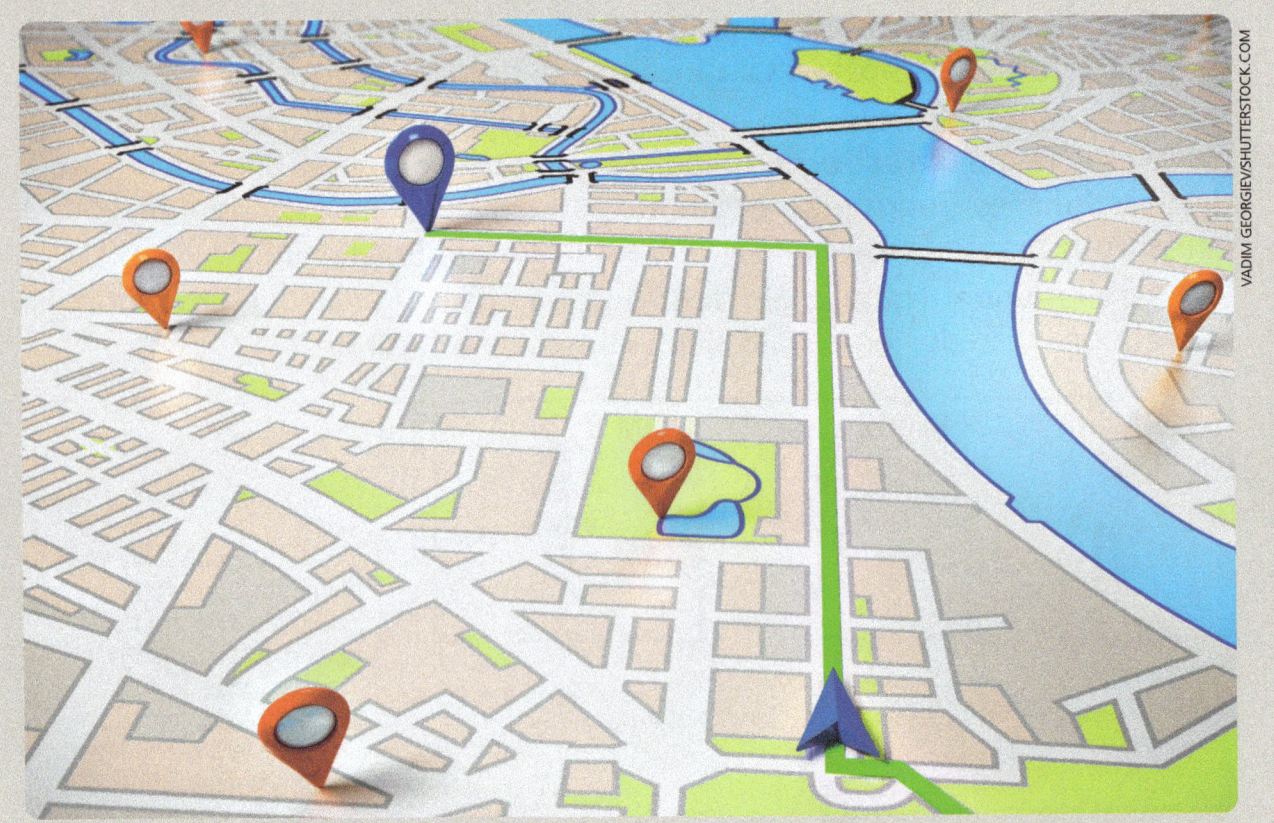

Mapa de um aplicativo de localização de celular.

Mapa antigo e bússola.

154

Os povos antigos olhavam bastante para o céu. Muitas civilizações, há milhares de anos, já conheciam muito bem os movimentos aparentes da Lua, do Sol, das estrelas e dos planetas. Isto permitiu a eles se localizarem em suas viagens sem a ajuda de nenhum dispositivo eletrônico.

Hoje em dia, os aparelhos de GPS, bússolas e mapas eletrônicos facilitam a vida dos aventureiros e aventureiras que querem viajar por um local desconhecido.

1. Junte-se com um colega e planejem uma viagem para as férias.

Façam uma pesquisa na internet com a orientação de seu professor sobre lugares interessantes para visitar. Escolham e então explorem o local; anotem os dados colhidos e planejem que instrumentos de orientação e de localização vocês devem levar para lá e por quê. Lembrem-se de escrever a localização e a região do destino, baseando-se nos pontos cardeais e auxiliares.

Nome do lugar:

_____

_____

Localização:

_____

_____

Qual ou quais instrumentos levar e por quê:

_____

_____

_____

2. No caderno, escreva uma história, na qual você faz uma longa viagem para um lugar desconhecido. Inclua na história um momento em que você não pode contar com conexão à internet e com energia elétrica para carregar baterias de aparelhos eletrônicos (como GPS, celular, *tablet* ou computador), mas que usou outros instrumentos para orientação. Use a criatividade para deixar sua história bem interessante!

UNIDADE 9
A LUA E A MARCAÇÃO DO TEMPO

1. Como está a Lua mostrada na imagem? A Lua tem sempre esse aspecto no céu?

2. Podemos considerar as fases da Lua para construir um calendário?

3. Qual é a importância dos calendários?

VOCÊ VAI APRENDER SOBRE:
- As fases da Lua
- Medidas de tempo
- A semana e os meses
- Os calendários de diferentes culturas

AS FASES DA LUA

O QUE VOCÊ TEM PARA CONTAR?

Olhando para o céu, em diferentes dias, podemos perceber que às vezes a Lua está cheia como uma bola, e às vezes apenas uma parte da Lua está iluminada. Há também épocas em que a Lua não aparece no céu. Por que você acha que isso acontece? Essas aparências da Lua se repetem? De onde vem a luz da Lua e por que às vezes não a enxergamos? Converse com os colegas sobre esses assuntos.

A Lua é o satélite natural da Terra. Assim, como a Terra gira em torno do seu eixo e do Sol, em um movimento cíclico, a Lua também gira em torno de si mesma e em torno da Terra. Seus movimentos também são contínuos e se repetem em períodos de tempo, com regularidade, isto é, são cíclicos como os da Terra.

É por essa razão que, ao observarmos a Lua no céu, podemos verificar que sua forma muda com o passar dos dias. Vemos a Lua no céu, pois ela é iluminada pelo Sol. Mas dependendo da posição da Lua em relação à Terra e ao Sol, vemos partes diferentes iluminadas, o que resulta nas diversas aparências da Lua.

ESQUEMA ILUSTRATIVO. OS ELEMENTOS NÃO FORAM REPRESENTADOS EM PROPORÇÃO DE TAMANHO ENTRE SI. AS CORES NÃO CORRESPONDEM AOS TONS REAIS.

Esquema mostrando a Lua em quatro posições no espaço. As imagens mais externas mostram como a Lua é vista por um observador na Terra. As aparências variam conforme a posição.

Essas mudanças de aparência da Lua são chamadas de fases da Lua. As principais fases da Lua são: cheia, nova, quarto crescente e quarto minguante.

- Lua cheia: tem formato redondo. A face visível da Lua está totalmente iluminada. A Terra está entre a Lua e o Sol. A Lua está no céu durante toda a noite, nasce quando o Sol se põe e se põe quando o Sol nasce.

- Lua nova: não é visível no céu. A Lua está entre o Sol e a Terra. Por isso não é possível visualizar a Lua no céu, pois sua parte voltada para a Terra não é iluminada.

- Lua quarto crescente: tem formato de **semicírculo**. A Lua não está nem oposta, nem a favor do Sol, mas numa posição intermediária. Por isso só parte da sua face voltada para a Terra é vista iluminada. É chamada de crescente porque as fases que a seguem vão sendo cada vez mais iluminadas.

  > **Semicírculo:** metade de um círculo.

- Lua quarto minguante: também tem formato de semicírculo e está em posição intermediária. É chamada de minguante, pois as fases que a seguem vão sendo cada vez menos iluminadas.

Vimos exemplos de quatro fases da Lua, mas ela passa por outras e muda de aparência todo dia. Veja a imagem, a seguir, para entender melhor essas mudanças.

Exemplo do aspecto da Lua em cada dia de um mês.

ATIVIDADES

1. Observando a imagem da página anterior responda em que data a Lua se encontra nas seguintes fases:

   a) Cheia: _____.

   b) Nova: _____.

   c) Quarto minguante: _____.

   d) Quarto crescente: _____.

2. Por que não enxergamos a Lua no céu noturno quando ela está na fase de Lua nova?

   _____
   _____
   _____
   _____

3. Quantos dias a Lua leva para completar todo o seu ciclo? Explique como chegou a esta conclusão.

   _____
   _____
   _____

4. O que você entendeu por ciclo da Lua?

   _____
   _____
   _____
   _____
   _____

OFICINA

OBSERVANDO O CICLO DA LUA

Vamos acompanhar as fases da Lua ao longo de dois meses para verificarmos o seu ciclo.

O objetivo é obtermos várias imagens parecidas com as da página 159.

TEL COELHO/GIZ DE CERA

▼ MATERIAL
- lápis preto
- borracha
- folha para desenho

▼ COMO FAZER

1 Escolha sempre o mesmo horário para a observação da Lua. É importante respeitar esse horário, pois a Lua muda de posição ao longo da noite, podendo até mesmo estar fora do campo de visão.

2 Fixado o horário de observação, olhe para o céu e procure a Lua. Faça o desenho da sua forma.

3 Anote o dia e a hora no quadro que o professor lhe entregará.

4 Repita os mesmos procedimentos todos os dias, ao longo de dois meses.

5 Se por acaso algum dia chover ou estiver nublado, registre esse fato.

▼ RESPONDA

1. A forma da Lua mudou muito de um dia para o outro?

2. Marque um X na frase que melhor representa como a Lua vai mudando.

    ☐ A mudança da aparência da Lua ao longo dos dias segue um padrão, ela vai diminuindo até sumir e depois crescendo até ficar cheia.

    ☐ A mudança da aparência da Lua ao longo dos dias não segue um padrão, ela vai crescendo e diminuindo ao acaso.

3. Quanto tempo demorou para que a Lua ficasse exatamente como estava na primeira vez que você fez o primeiro registro?

MEDINDO INTERVALOS DE TEMPO COM PRECISÃO

> Que instrumentos você conhece que medem a passagem do tempo?

Os movimentos cíclicos dos astros servem há muito tempo como referência para a marcação do tempo.

Quando o homem primitivo deixou de ser **nômade** e passou a se fixar nos lugares, começou o desenvolvimento da agricultura. Plantando frutas, legumes e verduras, ele sentiu a necessidade de criar um calendário, pois ao observar as plantações percebeu que elas possuíam uma época de plantio e outra de colheita.

Nômade: que não tem habitação fixa.

Representação de seres humanos primitivos, com cultivos agrícolas.

Para medir a passagem do tempo, precisamos de acontecimentos que sejam periódicos, isto é, que se repitam em intervalos iguais de tempo.

O movimento aparente do Sol no céu permite construir o relógio de Sol, pois se repete da mesma forma, sempre.

Com a Lua não é diferente. O movimento aparente que ela faz no céu, também é periódico. As mudanças na aparência da Lua se repetem a cada ciclo, ou seja, a cada vinte e nove dias, aproximadamente.

A partir dessas observações os seres humanos desenvolveram diversas formas de contagem do tempo.

ATIVIDADES

1. Todos os calendários se baseiam no movimento aparente no céu de dois astros que vemos aqui da Terra. Quais são?

_____

2. Que unidades de tempo são marcadas em um calendário?

_____

3. Um aluno quer fazer um calendário, usando as estrelas cadentes como referência. Você acha possível? Explique sua resposta.

_____

_____

_____

4. Os calendários são muito úteis para lembrarmos das datas de compromissos e eventos. Que tal usar os quadros abaixo para anotar alguns compromissos e eventos que você terá esta semana?

Segunda-feira	Terça-feira	Quarta-feira

Quinta-feira	Sexta-feira	Sábado

Domingo

MÊS, SEMANA, DIA E HORAS

A ideia de mês nasceu da observação da duração do ciclo das fases da Lua.

Provavelmente a divisão em semanas de sete dias é uma influência das fases da Lua, pois as quatro fases que receberam nome (cheia, nova, quarto minguante e quarto crescente) surgem em intervalos de sete dias.

Percebeu-se a duração de um dia observando a regularidade do nascer e do pôr do sol.

Depois da divisão do dia em 24 horas, cada hora foi dividida em 60 minutos, e cada minuto, em 60 segundos. A escolha de por que sessenta e não outro número é desconhecida. Uma hipótese bastante aceita é o fato de que o número sessenta possui muitos divisores exatos.

Com o avanço da tecnologia foi possível dividir até mesmo os segundos em medidas ainda menores.

Hoje os relógios mais precisos do mundo são os relógios atômicos. Esses relógios são construídos com alta tecnologia e mantidos sobre controle de temperatura e umidade. Eles são usados em laboratórios e empresas que necessitam de muita precisão na marcação do tempo. Prevê-se que eles só irão atrasar um segundo após três bilhões de anos.

Relógio atômico construído no Instituto de Física da Universidade de São Paulo em São Carlos, 2015.

ATIVIDADES

1. Se uma hora tem 60 minutos, quantos minutos têm:

   a) duas horas.

   b) quatro horas.

2. Você acha importante que todos os relógios usem a mesma divisão de tempo? Por quê?

3. As imagens a seguir mostram diferentes instrumentos de marcação do tempo. Qual deles você conhece? Escreva os nomes deles.

_____   _____   _____   _____

4. Com a ajuda de um adulto, cronometre o tempo que você leva para ir da sua casa até a escola em um dia normal.

_____

5. Agora vamos construir um gráfico para descobrirmos qual o tempo de chegada dos alunos da turma até a escola. Seu professor irá anotar na lousa o tempo informado por cada um.

Observe os dados que seu professor anotou no quadro. Represente esses dados pintando um ☐ para cada aluno, de acordo com o intervalo de tempo.

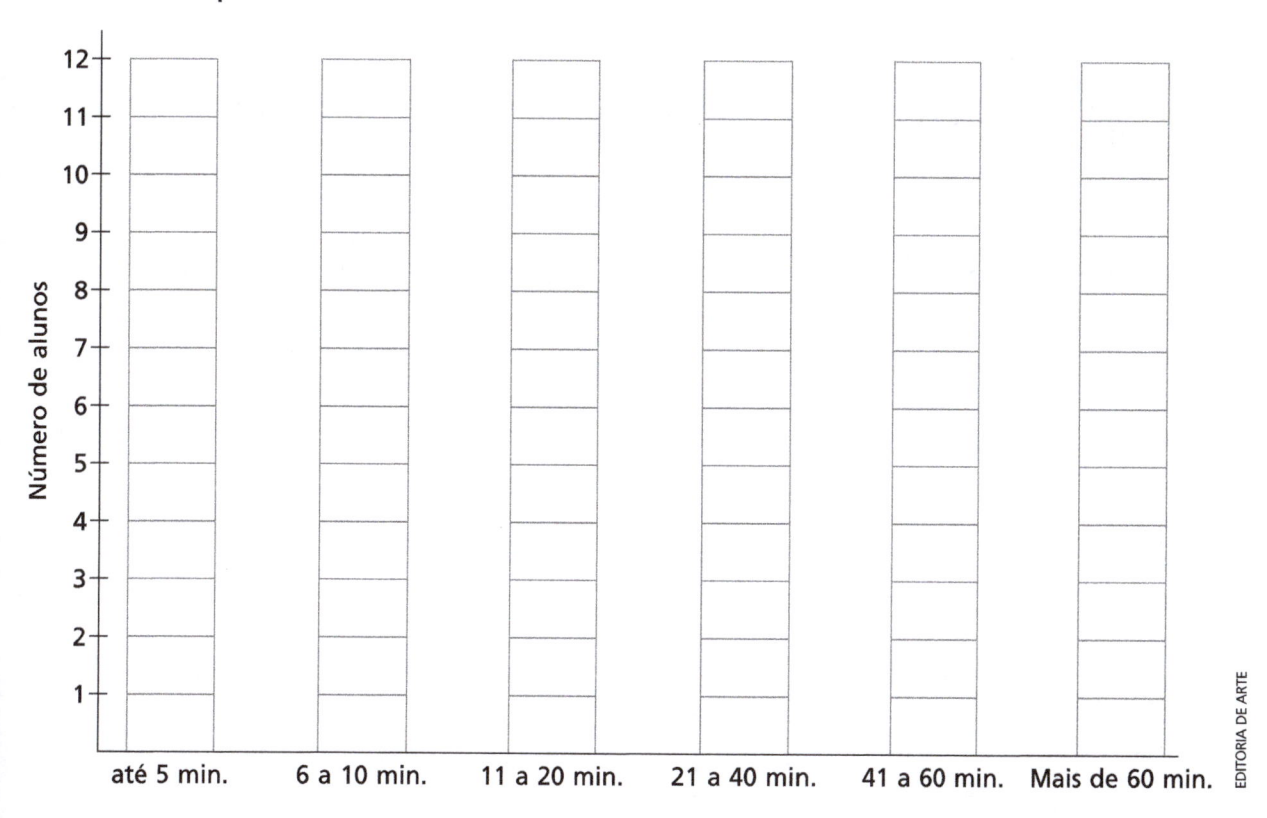

Número de alunos

	até 5 min.	6 a 10 min.	11 a 20 min.	21 a 40 min.	41 a 60 min.	Mais de 60 min.

165

Com base no gráfico responda:

a) Qual foi o maior tempo gasto para se chegar à escola?

b) Qual foi o menor tempo gasto para se chegar à escola?

c) Qual o tempo que uma maior quantidade de alunos levou para chegar à escola?

POR QUE TODOS OS MESES NÃO TÊM O MESMO NÚMERO DE DIAS?

O mês é o período de tempo que corresponde a 30 ou 31 dias. O mês de fevereiro, no entanto, possui 28 dias. Isso acontece porque a Terra não completa uma volta em exatamente 24 horas. Na verdade, são 23 horas, 56 minutos, 4 segundos e 9 centésimos de segundo. Essa pequena diferença acaba acumulando o erro com o passar do tempo. Por isso foi criado o ano bissexto.

No ano bissexto, o mês de fevereiro ganha um dia a mais, ficando com 29 dias. Isso acontece de quatro em quatro anos e corrige o calendário para que ele fique em concordância com a translação da Terra.

O período de um ano é de 365 dias e seis horas aproximadamente.

ATIVIDADES

1. O ano de 2020 será bissexto. Qual foi o ano bissexto anterior a esse?

2. Por que o ano bissexto foi criado?

CALENDÁRIOS

> Todas as culturas marcam o tempo da mesma forma?

O surgimento dos calendários aconteceu há muito tempo. O calendário que usamos atualmente no Brasil passou por várias mudanças ao longo do tempo.

As primeiras marcações de datas foram encontradas em pedras e nas paredes das cavernas, e datam de mais de 15 mil anos.

Mas o avanço aconteceu quando os seres humanos passaram a observar o céu com precisão e perceber os ciclos do Sol e da Lua. Foram então criados dois tipos de calendários, o lunar e o solar.

O calendário lunar se baseia nas fases da Lua. A fase considerada para se fazer o calendário lunar é a fase da lua nova. Em um ano temos doze luas novas.

Calendário lunar de 2017. Note como as fases da Lua se repetem, de tempos em tempos.

ATIVIDADE

- Qual foi a importância da observação do céu na Antiguidade para o surgimento dos calendários?

_____
_____
_____

O calendário solar se baseia no intervalo entre dois solstícios de verão. Solstício de verão é o dia do ano em que temos a maior duração do dia. Ao marcar o exato dia em que ele ocorre, os povos antigos tinham uma referência e, quando esse dia voltava a acontecer, sabiam que havia se passado um ciclo. Isso significava que a Terra tinha completado uma volta em torno do Sol, ou seja, tinha completado o movimento de translação. Contando os dias, perceberam que levava aproximadamente 365 dias.

Atualmente a maioria dos países utiliza um calendário solar, que sofreu várias correções ao longo do tempo.

Calendário solar de 2019, usado no Brasil.

ATIVIDADES

1. Discutam o que vocês entenderam sobre a frase: Solstício de verão é quando temos a maior duração do dia.

2. Quantas vezes, por ano, existe o solstício de verão?

168

O CALENDÁRIO NAS DIFERENTES CULTURAS

CALENDÁRIO GREGORIANO

É o calendário que utilizamos atualmente no Brasil. Foi proclamado pelo Papa Gregório XIII há mais de 400 anos. Baseia-se na religião Cristã, pois utiliza o nascimento de Cristo como o ano 1. É um calendário do ciclo solar.

CALENDÁRIO INDÍGENA

Os povos indígenas também têm maneira própria de marcar a passagem do tempo. Para alguns desses povos, a passagem do tempo está relacionada à agricultura e aos fenômenos naturais, como a chuva e o frio. Observe abaixo o calendário criado por alguns professores indígenas. Ele mostra como os indígenas que vivem no Parque do Xingu associam a passagem do tempo aos fenômenos naturais e às atividades agrícolas por eles desenvolvidas. O Parque do Xingu é uma área no norte do Mato Grosso que reúne diversos povos indígenas.

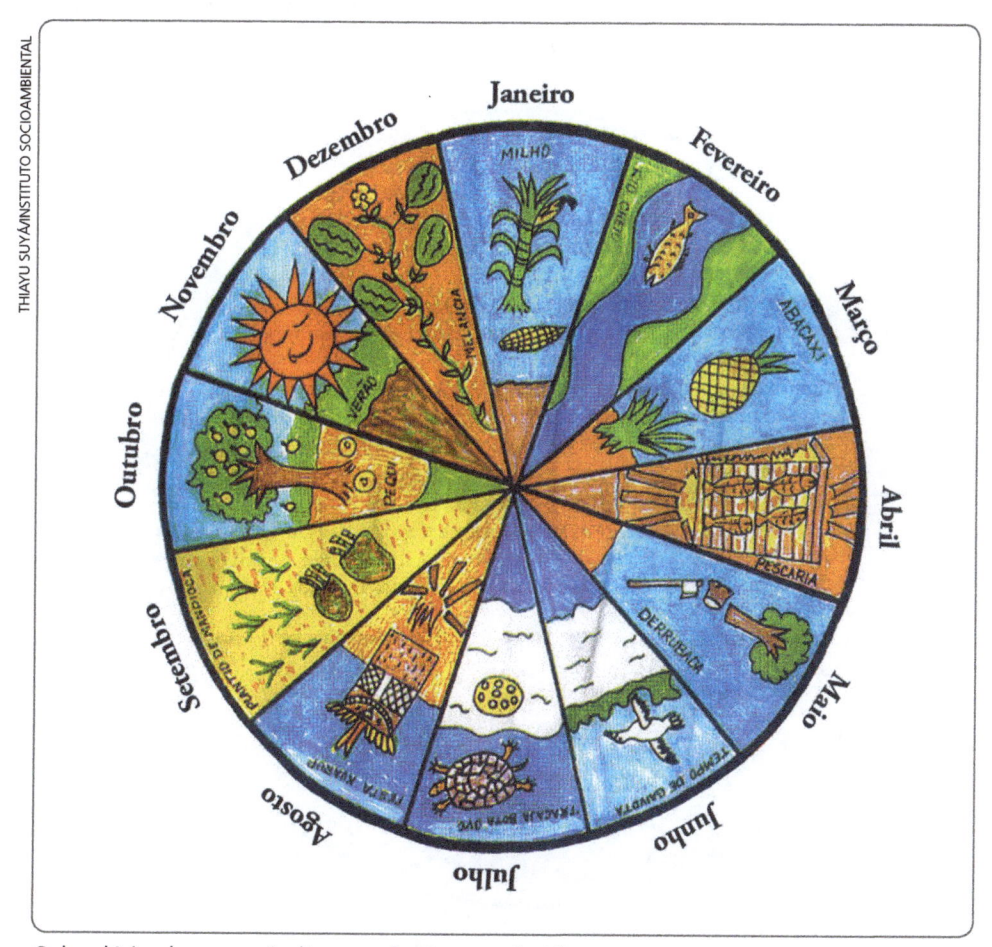

Calendário de povos indígenas do Parque do Xingu.

CALENDÁRIO CHINÊS

É o calendário mais antigo que se conhece, tendo sido criado há mais de 4.500 anos. É baseado no ciclo da Lua e do Sol. Segundo esse calendário, o ano novo ocorre entre 21 de janeiro e 20 de fevereiro. Além disso, a cada 12 anos, há ciclos representados por animais. A partir de 5 de fevereiro de 2019 é ano do porco e corresponde ao ano 4717 do calendário chinês.

Calendário chinês. Note os doze animais na parte externa do círculo.

CALENDÁRIO JUDAICO

O calendário judaico é usado há mais de 3 mil anos pelo povo Judeu.

Baseia-se nos ciclos da Lua e do Sol. O ano de 2019 no calendário gregoriano corresponde ao ano 5779 no calendário judaico.

Correspondência entre os meses do calendário judaico e os do gregoriano.

170

ATIVIDADES

1. Ao observar os quatro calendários, percebemos as diferentes formas de marcação do tempo. Por que você acha que existem essas diferenças?

2. No calendário indígena há meses para os alimentos: milho, mandioca, melancia e abacaxi. Você acha importante o conhecimento da melhor época para plantar ou colher os alimentos? Por quê?

3. Vamos montar um calendário? Baseado no calendário indígena da página 169, faça, para cada mês, uma ilustração, que represente algo significativo para você. Peça ajuda a um adulto que viva com você para completar o calendário.

UM PASSO A MAIS

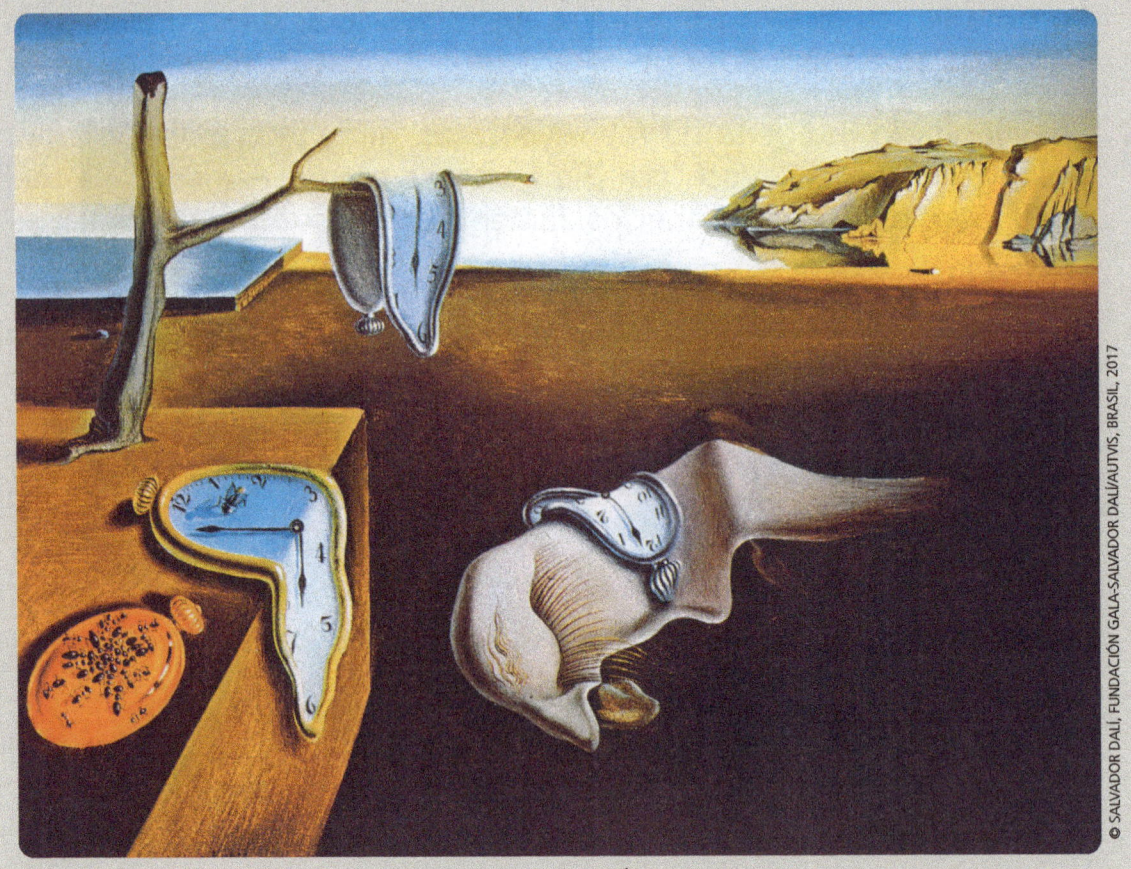

Salvador Dalí. **A persistência da memória**, 1931. Óleo sobre tela. 24,1 cm × 33 cm.

1. Observe a obra de arte acima e leia a sua legenda, depois responda: Há quanto tempo esse quadro foi pintado?

   _____
   _____
   _____

2. Converse com os seus colegas sobre este quadro.

   a) O que vocês acham que ele quis dizer com essa pintura?

   b) Se for possível pesquisem sobre Salvador Dalí e essa obra. Escreva no caderno um parágrafo resumindo o que encontrou de mais interessante.

3. Alguns amigos que conversavam diziam o que iam fazer em cada fase da Lua:

1) — Eu vou pescar na lua nova.
2) — Eu vou andar de bicicleta à noite, no sítio, na lua cheia.
3) — Eu vou cortar os cabelos na lua crescente.
4) — Eu vou podar a grama na lua minguante.

Desenhe cada uma dessas situações, mostrando o céu com a Lua citada em cada caso (quando ela for visível).

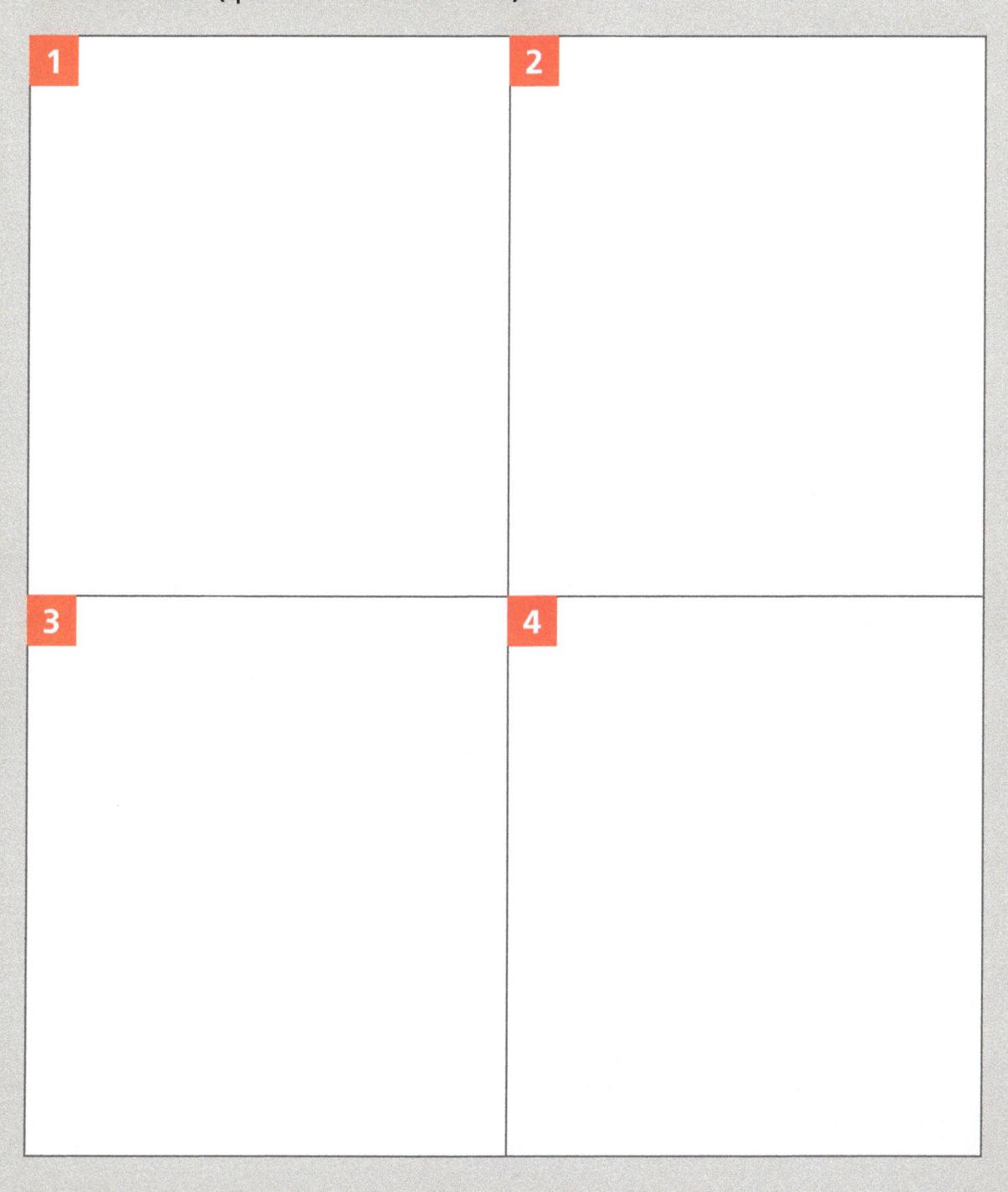

CENTROS, SALAS, PARQUES E MUSEUS DE CIÊNCIAS NO BRASIL

NORTE

AMAZONAS – MANAUS
Bosque da Ciência
Endereço: Rua Otávio Cabral, s/n, Petrópolis, Manaus, AM
Funcionamento: de terça a sexta, das 9 h às 12 h e das 14 h às 17 h; sábados, domingos e feriados, das 9 h às 16 h
Tel. (92) 3643-3192
Site: http://ftd.li/3f9joc

PARÁ – BELÉM
Museu Paraense Emílio Goeldi
Endereço: Av. Magalhães Barata, 376, São Brás, Belém, PA
Funcionamento: de terça a domingo, das 9 h às 17 h
Tel. (91) 3182-3200/3231
Site: http://ftd.li/hs6015

RONDÔNIA – PRESIDENTE MÉDICI
Centro de Pesquisas e Museu Regional de Arqueologia de Rondônia
Endereço: Rua Tiradentes B. Lino Alves Teixeira, 2064, Presidente Médici, RO
Funcionamento: de segunda a sexta-feira, das 7 h às 17h30
Tel. (69) 3471-2892

NORDESTE

CEARÁ – FORTALEZA
Ecomuseu Natural do Mangue – Sabiaguaba
Endereço: Rua Prof. Valdevino, 58, Boca da Barra, Sabiaguaba, Fortaleza, CE
Funcionamento: de segunda a sexta-feira, com agendamento; sábado e domingo, das 8 h às 16 h
Tel. (85) 8749-5286

PERNAMBUCO – OLINDA
Espaço Ciência – Museu de Ciência
Endereço: Parque Memorial Arcoverde, Parque 2, s/n, Complexo de Salgadinho, Salgadinho, Olinda, PE
Funcionamento: de segunda a sexta, das 8 h às 17 h, sábado e domingo, das 13h30 às 17 h
Tel. (81) 3241-3226
Site: http://ftd.li/wud7xe

CENTRO-OESTE

DISTRITO FEDERAL
Museu de Geociências
Endereço: Instituto de Geociências, Campus Universitário da UnB, Asa Central, Brasília, DF
Funcionamento: entrar em contato
Tel. (61) 3107-7002
Site: http://ftd.li/txxe3y

GOIÁS – GOIÂNIA
Pátio da Ciência
Endereço: Campus Universitário Samambaia, UFG, Goiânia, GO
Funcionamento: segundas, quartas e sextas, das 8 h às 12 h
Tel. (62) 3521-1122, r. 244
Site: http://ftd.li/d5iwwg

MATO GROSSO – CÁCERES
Centro de Educação e Investigação em Ciências e Matemática
Endereço: Av. Tancredo Neves, 1095, Cidade Universitária/UNEMAT, Cavalhada II, Cáceres, MT
Funcionamento: de segunda a sexta, das 14 h às 17h30
Tel. (65) 3221-0510
Site: http://ftd.li/4mqsaz

MATO GROSSO DO SUL – DOURADOS
Observatório Solar Indígena da Universidade Estadual de Mato Grosso do Sul
Endereço: Rodovia Dourados Itahum, km 12, Cidade Universitária, Dourados, MS
Funcionamento: de segunda a sexta, das 8 h às 12 h e das 14 h às 18 h
Tel. (67) 3902-2360 / Fax (67) 3902-2364
Site: http://ftd.li/p5fga8

SUDESTE

MINAS GERAIS – JUIZ DE FORA
Centro de Ciências da Universidade Federal de Juiz de Fora
Endereço: Rua Visconde Mauá, 300, Santa Helena Juiz de Fora, MG
Funcionamento: de segunda a sexta, das 8 h às 18 h; quintas das 19 h às 21 h
Tel. (32) 3229-7606
Site: http://ftd.li/s7whyt

RIO DE JANEIRO – RIO DE JANEIRO
Museu Ciência e Vida
Endereço: Rua Aílton da Costa, s/n, 25 de Agosto, Duque de Caxias, RJ
Funcionamento: de terça a sábado, das 9 h às 17 h; domingos e feriados das 13 h às 17 h
Tel. (21) 2671-7797
Site: http://ftd.li/y8scxa

SÃO PAULO – SÃO PAULO
Catavento Cultural e Educacional
Endereço: Av. Mercúrio, s/n, Parque Dom Pedro II, Brás, São Paulo, SP
Funcionamento: de terça a domingo, das 9 h às 17 h (bilheteria até 16 h)
Tel. (11) 3315-0051 / Fax (11) 3246-4138
Site: http://ftd.li/9rxaj8

SUL

PARANÁ – LONDRINA
Museu de Ciência e Tecnologia de Londrina
Endereço: Rodovia Celso Garcia Cid, Pr 445, km 380, Campus Universitário, Londrina, PR
Funcionamento: segunda e terça, das 9 h às 11 h e das 15 h às 17 h
Tel./Fax (43) 3371-4804 / 3371-4805
Site: http://ftd.li/y696vt

RIO GRANDE DO SUL – SANTA MARIA
Jardim Botânico da Universidade Federal de Santa Maria – Centro de Ciências Naturais e Exatas
Endereço: Av. Roraima, 1000, prédio 13 (CCNE), Camobi, Santa Maria, RS
Funcionamento: de segunda a sexta, das 8 h às 12 h e das 13 h às 17 h
Tel. (55) 3220-8339 r. 222 e 225
Site: http://ftd.li/5fpxbq

SANTA CATARINA – FLORIANÓPOLIS
Planetário da Universidade Federal de Santa Catarina
Endereço: Centro de Filosofia e Ciências Humanas, Campus Universitário, Trindade, Florianópolis, SC
Funcionamento: segunda a sexta, com agendamento
Tel. (48) 3721-4133 / Fax (48) 3721-2003
Site: http://ftd.li/cycxrz

REFERÊNCIAS BIBLIOGRÁFICAS

AZEVEDO, Maria N. de. **Ensinar ciências e pesquisa-ação**: saberes docentes em elaboração. Jundiaí: Paco, 2013.

AZEVEDO, Maria N. de. **Mediação discursiva em aulas de ciências, motivos e sentidos no desenvolvimento profissional docente**. Tese de Doutorado para o Programa de Pós-Graduação em Educação. Área de Concentração: Ensino de Ciências e Matemática. Faculdade de Educação da Universidade de São Paulo, SP, 2013.

BRANCO, Samuel M. **O meio ambiente em debate**. 3. ed. São Paulo: Moderna, 2004. (Polêmica).

CARVALHO, Anna Maria Pessoa de (Org.). **Ensino de ciências por investigação**: condições para implementação em sala de aula. São Paulo: Cengage Learning, 2013.

CARVALHO, Anna Maria Pessoa de; GIL-PÉREZ, Daniel. **Formação de professores de ciências**: tendências e inovações. São Paulo: Cortez, 1995.

CHASSOT, Attico. **Alfabetização científica**: questões e desafios para a educação. Ijuí: Unijuí, 2001.

DE CASTRO, Tamiris Franco; GOLDSCHMIDT, Andréa Inês. Aulas práticas em ciências: concepções de estagiários em licenciatura em biologia e a realidade durante os estágios. **Amazônia**: Revista de Educação em Ciências e Matemáticas, v. 13, n. 25, dez. 2016. Disponível em: <http://periodicos.ufpa.br/index.php/revistaamazonia/article/view/3800>. Acesso em: 23 maio 2017.

ESPINOSA, Ana Maria. **Ciências na escola**: novas perspectivas para a formação dos alunos. São Paulo: Ática, 2010.

FRACALANZA, Hilário; MEGID NETO, Jorge (Org.). **O livro didático de ciências no Brasil**. Campinas: Komedi, 2006.

FRANCO, Silmara; ALVES, Januária Cristina (Coord.). **Navegando em mares conhecidos**: como usar a internet a meu favor. São Paulo: Moderna, 2012.

GASPAR, Alberto. **Experiências de ciências para o ensino fundamental**. São Paulo: Ática, 2015.

IHERING, Rodolpho Von. **Dicionário dos animais do Brasil**. Rio de Janeiro: Difel, 2002.

MONTANARI, V. **Energia nossa de cada dia**. São Paulo: Moderna, 2003.

MORALES, P. **Avaliação escolar**: o que é e como se faz. São Paulo: Loyola, 2003.

MORIN, André; GADOUA, Gilles; POTVIN, Gérard. **Saber, ciência, ação**. São Paulo: Cortez, 2007.

MORTMER, Eduardo F. **Linguagem e formação de conceitos no ensino de ciências**. Belo Horizonte: Ed. UFMG, 2000.

POUGH, Harvey F.; JANIS, Christine M.; HEISER, John B. **A vida dos vertebrados**. 4. ed. São Paulo: Atheneu, 2008.

RAVEN, Peter H. et al. **Biologia vegetal**. 7. ed. Rio de Janeiro: Guanabara Koogan, 2007.

RIDPATH, Ian. **Guia ilustrado Zahar**: Astronomia. Rio de Janeiro: Jorge Zahar, 2007.

RODRIGUES, Rosicler M. **O solo e a vida**. São Paulo: Moderna, 2013.

ROSA, Marcelo D'Aquino; MOHR, Adriana. Seleção e uso do livro didático: um estudo com professores de ciências na rede de ensino municipal de Florianópolis. **Ens. Pesqui. Educ. Ciênc.**, Belo Horizonte, v. 18, n. 3, p. 97-115, set-dez 2016. Disponível em: <http://www.portal.fae.ufmg.br/seer/index.php/ensaio>. Acesso em: jan. 2017.

SADAVA, D. et al. **Vida, a ciência da biologia**. 8. ed. Porto Alegre: Artmed, 2009.

SANTOS, Boaventura de Sousa. **Um discurso sobre ciências**. São Paulo: Cortez, 2003.

SAPIENSE, Silvia; Equipe Editorial Parramón (Adap.). **Atlas de anatomia**. São Paulo: FTD, 2006.

SOBOTTA, Johannes. **Atlas de anatomia humana**. 23. ed. Rio de Janeiro: Guanabara Koogan, 2013.

SOCIEDADE BRASILEIRA DE ANATOMIA. **Terminologia anatômica**: terminologia anatômica internacional. São Paulo: Manole, 2001.

TELLES, Marcelo de Q. et al. **Vivências integradas com o meio ambiente**. São Paulo: Sá Editora, 2002.

VALADARES, Eduardo de C. **Física mais que divertida**. Belo Horizonte: UFMG, 2012.